the Secret®
le
POUVOIR

Rhonda Byrne

Guy Trédaniel Éditeur

GUY TRÉDANIEL ÉDITEUR
19, rue Saint-Sévérin
75005 Paris

www.editions-tredaniel.com
info@guytredaniel.fr

Cet ouvrage a été publié en langue anglaise sous le titre original : THE POWER
Published by Atria Books, a Division of Simon & Schuster, Inc.
1230 Avenue of the Americas New York, NY 10020
1 866 506-1949 or business@simonandschuster.com

L'information contenue dans ce livre se veut pédagogique et ne doit pas être utilisée pour poser un diagnostic, rédiger une ordonnance ou administrer un traitement dans le but de régler quelque problème de santé que ce soit. Cette information ne devrait pas remplacer la consultation d'un professionnel de la santé compétent. Le contenu de ce livre doit être utilisé en association avec un programme de soins de santé raisonnable et responsable, prescrit par un professionnel de la santé. L'auteure et l'éditeur ne pourront en aucun cas être tenus responsables d'un usage abusif de ce matériel.

Dépôts légaux : 3e trimestre 2011
Bibliothèque nationale de France

Maquette originale par Nic George, pour Making Good LLC
Conception graphique par Making Good LLC et Gozer Media P/L (Australie)
Réalisation graphique de la couverture française et mise en pages : OLIVIER LASSER
Version française : JOCELYNE ROY

ISBN 978-2-81320-282-6

IMPRIMÉ EN ALLEMAGNE

« C'est la cause de l'absolue perfection
de toutes choses partout dans l'univers. »

La Table d'émeraude (VERS 3000 AV. J.-C.)

Ce livre vous est dédié

Table des matières

Avant-propos

Je n'oublierai jamais la journée du 9 septembre 2004. Lorsque je me suis réveillée ce matin-là, rien ne laissait présager que ce serait le plus beau jour de ma vie.

Comme la plupart des gens, j'avais toujours lutté et travaillé dur pour assurer ma survie en naviguant du mieux que je le pouvais entre les écueils qui jalonnent l'existence. Mais l'année 2004 avait été particulièrement difficile pour moi, et des circonstances malheureuses avaient littéralement eu raison de moi. Mes relations, ma santé, ma carrière et mes finances, tout ne m'apparaissait plus que ruines. Je ne voyais pas d'issue à ces difficultés qui s'accumulaient sans cesse autour de moi. Et puis, c'est arrivé !

Ma fille m'a donné un livre vieux d'une centaine d'années[1], et toute ma vie a changé pendant les 90 minutes qu'il m'a fallu pour le lire. J'ai compris comment et pourquoi les événements s'étaient produits dans ma vie, et j'ai immédiatement su ce que

---

1 Wallace Wattles, *La Science de l'enrichissement*. La version originale de cet ouvrage (*The Science of Getting Rich*) est téléchargeable gratuitement depuis le site www.thesecret.tv.

je devais faire pour transformer toutes les circonstances et obtenir tout ce que je voulais.

Je venais de découvrir un secret, un secret qui avait été transmis à travers les siècles, mais qui n'avait été connu que par très peu de gens tout au long de l'histoire.

À partir de ce moment-là, ma perception du monde a changé. Toutes mes croyances à propos de la vie se sont révélées être à l'*opposé* de la réalité. J'avais vécu des décennies en croyant que les choses nous arrivaient sans raison particulière. Et voilà que je connaissais l'incroyable vérité.

De plus, je voyais bien que la majorité des gens ignoraient jusqu'à l'existence de ce secret et je me suis dès lors donné pour mission de le partager avec le monde entier. Malgré des obstacles inimaginables, j'ai réalisé le film *Le Secret*, qui est sorti en 2006. Plus tard cette même année, j'ai écrit *Le Secret,* un livre qui m'a permis de mieux faire connaître les fruits de ma découverte.

Dès sa publication, *Le Secret* s'est propagé à la vitesse de l'éclair et a circulé de mains en mains, d'une personne à l'autre, et a fait le tour de la planète. Aujourd'hui, des dizaines de millions de personnes de tous les pays du monde ont transformé leur vie de façon incroyable grâce à ce savoir.

Alors que les gens apprenaient à changer leur vie grâce au *Secret*, j'ai reçu des milliers de témoignages extraordinaires qui m'ont permis de mieux comprendre pourquoi les gens éprouvaient tant de difficultés dans leurs vies. Et de ces aperçus fascinants m'est venue la connaissance du *Pouvoir* – une connaissance qui peut transformer instantanément le cours de l'existence.

Le Secret révèle la loi de l'attraction – la loi la plus puissante qui gouverne notre vie. *Le Pouvoir* renferme l'essence de tout ce que j'ai appris depuis la parution du *Secret* en 2006. En lisant *Le Pouvoir*, vous comprendrez qu'il suffit d'une seule chose pour transformer vos relations, votre situation financière, votre santé, votre bonheur et votre carrière, bref, votre vie tout entière.

Il n'est pas nécessaire d'avoir lu *Le Secret* pour que *Le Pouvoir* transforme votre vie, car il renferme tout ce qu'il vous faut savoir. Si vous avez lu *Le Secret*, alors ce nouvel ouvrage ajoutera infiniment à ce que vous savez déjà.

Il y a tant de choses que vous devez savoir. Il y a tant de choses que vous devez connaître sur vous-même et votre vie. Et ces choses sont toutes meilleures les unes que les autres. En fait, ces choses de la vie sont plus que bonnes, elles sont phénoménales!

Remerciements

Je veux exprimer ma profonde gratitude à tous ces gens extraordinaires qui, tout au long de l'histoire, ont risqué leur vie pour préserver la connaissance et la vérité pour le bénéfice des générations futures.

Pour la création du livre *Le Pouvoir*, je tiens à remercier les personnes suivantes pour leur soutien indéfectible. C'est grâce à elles que ce livre est ce qu'il est : Skye Byrne pour son formidable travail éditorial ainsi que pour les conseils, les encouragements, l'expertise et la précieuse collaboration qu'elle m'a offerts de concert avec Jan Child ; Josh Gold pour ses recherches scientifiques et historiques, un travail souvent fastidieux; Shamus Hoare de Gozer Media et Nic George pour la conception graphique; et Nic George encore pour ses illustrations originales et sa détermination à créer un livre magnifique qui touchera le cœur de tous ceux qui le tiendront entre leurs mains.

Mes remerciements les plus sincères à Simon & Schuster : à ses éditrices Carolyn Reidy et Judith Curr pour leur confiance et leur ouverture d'esprit et de cœur devant de nouvelles avenues afin que, ensemble, nous apportions la joie à des milliards de gens; à son rédacteur en chef Leslie Meredith qui a fait du travail d'édition une véritable partie de plaisir ; à ses réviseuses Peg Haller, Kimberly Goldstein et Isolde Sauer ; et à tous les autres membres de l'équipe – Dennis Eulau, Lisa Keim, Eileen Ahearn, Darlene DeLillo, Twisne Fan, Kitt Reckord et Donna Loffredo – pour leur travail inlassable et assidu.

Mon amour et mes remerciements à mes collègues et excellents amis qui constituent le noyau de l'équipe du Secret, pour leur capacité à s'ouvrir à toutes les possibilités et à relever tous les défis afin que nous puissions apporter de la joie au monde entier : Paul Harrington, Jan Child, Donald Zyck, Andrea Keir, Glenda Bell, Mark O'Connor, Damian Corboy, Daniel Kerr, Tim Patterson, Hayley Byrne, Cameron Boyle, Kim Vernon, Chye Lee, Lori Sharapov, Skye Byrne, Josh Gold, Nic George, Laura Jensen et Peter Byrne.

Merci à mes avocats Michael Gardiner et Susan Seah du cabinet Gardiner Seah. Je remercie également de tout cœur les avocats Brad Brian et Luis Li du cabinet Munger Tolles, pour leurs conseils et leur expertise ; vous êtes des modèles vivants d'intégrité et d'authenticité, et je vous suis reconnaissante d'avoir apporté de la positivité dans ma vie.

À mes amis très chers qui m'inspirent sans cesse à me dépasser : Elaine Bate, Bridget Murphy, Paul Suding, Mark Weaver, Fred Nalder, Dani Hahn, Bobby Webb, James Sinclair,

George Vernon, Carmen Vasquez, Helmer Largaespada et le dernier, mais non le moindre, Angel Martin Velayos, dont la lumière spirituelle et la foi m'ont aidée à accéder à de nouveaux sommets qui m'ont permis de réaliser mon rêve et d'apporter de la joie à des milliards de gens.

À mes filles Hayley et Skye, ces merveilleuses enseignantes qui ensoleillent chacune de mes journées par leur seule présence, et à mes sœurs Pauline, Glenda, Jan et Kaye pour leur amour et leur soutien constants dans les moments de joie comme dans les périodes difficiles. La mort subite et la perte de notre père en 2004 m'a conduite à la découverte du Secret ; pendant l'écriture du *Pouvoir,* notre mère – notre meilleure amie – nous a quittées elle aussi, nous laissant la responsabilité de continuer sans elle et de devenir de meilleurs êtres humains afin d'aimer inconditionnellement et de faire une différence dans ce monde. Du fond de mon cœur, merci maman, merci pour tout.

INTRODUCTION

Vous êtes destiné à connaître une vie *exceptionnelle* !

Vous êtes destiné à avoir tout ce que vous aimez et désirez. Vous êtes destiné à faire un travail captivant et vous êtes destiné à accomplir tout ce dont vous rêvez. Les relations que vous entretenez avec votre famille et vos amis sont destinées à être remplies de bonheur. Vous êtes destiné à avoir tout l'argent nécessaire pour connaître une vie bien remplie et merveilleuse. Vous êtes destiné à vivre vos rêves – tous vos rêves ! Si vous désirez voyager, vous le ferez. Si vous décidez de lancer une affaire, vous réussirez. Si le cœur vous dit d'apprendre à danser, à manœuvrer un bateau ou à parler italien, vous êtes destiné à y parvenir. Si vous rêvez de devenir musicien, scientifique, entrepreneur, inventeur, parent, ou quoi que ce soit d'autre, vous êtes *destiné* à concrétiser cet idéal !

Chaque matin, au réveil, vous devriez être rempli d'excitation parce que vous *savez* que cette journée vous réservera de belles choses. Vous êtes destiné à rire et à être heureux. Vous êtes destiné à vous sentir fort et confiant. Vous êtes destiné à vous sentir bien dans votre peau et à vous apprécier à votre juste valeur tout en sachant que vous êtes inestimable. Bien sûr, vous vivrez parfois des moments difficiles dans votre vie, mais vous êtes également destiné à les traverser, car ils vous aideront à grandir, mais sachez que vous êtes également destiné à connaître les moyens de surmonter ces problèmes et de relever ces défis. Vous êtes destiné à la victoire ! Vous êtes destiné au bonheur ! Vous êtes destiné à une vie *exceptionnelle* !

Vous n'êtes pas né pour lutter. Vous n'êtes pas né pour vivre quelques moments de joie de temps en temps. Vous n'êtes pas né pour vous échiner au travail cinq jours par semaine et ne connaître que de brefs moments de bonheur durant les week-ends. Vous n'êtes pas né pour vivre sans énergie, pour vous sentir épuisé à la fin de chaque journée. Vous n'êtes pas né pour vous inquiéter et avoir peur. Vous n'êtes pas né pour souffrir. Sinon, à quoi rimerait votre vie ? Vous êtes destiné à mordre pleinement dans la vie, à déborder de joie, de santé, de vitalité, d'excitation et d'amour, parce que c'est ça, une vie exceptionnelle !

La vie dont vous rêvez, tout ce que vous désirez être, faire ou avoir, a toujours été plus près de vous que vous ne l'imaginez, car le pouvoir de jouir de *tout* ce que vous voulez est en vous !

« Il existe un pouvoir suprême et une force dirigeante, qui règnent sur l'univers infini et le gouvernent. Vous faites partie de ce pouvoir. »

Prentice Mulford (1834-1891)

AUTEUR, ÉCOLE DE LA PENSÉE NOUVELLE

Dans ce livre, je veux vous indiquer la voie qui mène à une vie extraordinaire. Vous découvrirez quelque chose d'incroyable à propos de vous-même, de votre vie et de l'univers. La vie est tellement plus facile qu'on ne le croit, et au fur et à mesure que vous comprendrez ses rouages ainsi que le pouvoir qui réside en vous, vous expérimenterez la magie de la vie dans sa quintessence – et ce sera pour vous le début d'une vie prodigieuse !

Maintenant, place à la magie dans votre vie.

QU'EST-CE QUE LE POUVOIR?

« Ce qu'est ce pouvoir, je l'ignore. Tout ce que je sais, c'est qu'il existe. »

Alexander Graham Bell (1847-1922)

INVENTEUR DU TÉLÉPHONE

La vie est simple. Votre vie n'est faite que de deux sortes de choses – les choses positives et les choses négatives. Chaque aspect de votre vie, que ce soit la santé, l'argent, le travail ou le bonheur, est soit positif, soit négatif à vos yeux. Vous êtes plein aux as ou vous n'avez pas un sou. Vous êtes resplendissant de santé ou vous êtes de constitution fragile. Vos relations sont heureuses ou difficiles. Votre travail est captivant et vous réussissez, ou bien il est ennuyeux et vous stagnez. Vous êtes pleinement heureux ou vous vous sentez souvent mal dans votre peau. Vous vivez de bonnes ou de mauvaises années, de bonnes ou de mauvaises périodes, de bonnes ou de mauvaises journées.

Si le négatif l'emporte sur le positif dans votre vie, alors il y a quelque chose qui ne va vraiment pas et vous le savez. Vous voyez les autres qui sont heureux et épanouis, dont la vie est bien remplie, et quelque chose vous dit que vous aussi méritez de vivre ainsi. Et vous avez raison ; vous méritez *effectivement* une vie d'abondance.

La plupart des gens qui ont une vie merveilleuse n'ont pas toujours conscience de ce qu'ils ont fait pour l'obtenir. Mais ils ont fait quelque chose. Ils ont utilisé le pouvoir qui est à l'origine de tout ce qui est bon dans la vie. . .

Toute personne, sans exception, qui a une vie extraordinaire a utilisé l'*amour* pour y parvenir. Le pouvoir qui permet d'attirer à soi toutes les bonnes choses positives de la vie, c'est l'*amour* !

L'amour a, de tout temps, été un sujet abondamment commenté par les grands penseurs, philosophes, prophètes et leaders de toutes religions et confessions. Mais beaucoup d'entre nous n'ont pas véritablement compris leurs sages paroles. Même si leur enseignement s'adressait expressément à leurs contemporains, la vérité comme le contenu de leur message est toujours le même aujourd'hui : *l'amour*, car lorsque vous aimez, vous utilisez le plus grand pouvoir de l'univers.

La force de l'amour

« L'amour est un élément qui, bien qu'impalpable, est aussi réel que l'air ou l'eau. C'est une force active, vivante et mouvante. . . qui se meut par vagues et par courants à l'instar de la mer. »

Prentice Mulford (1834-1891)

AUTEUR, ÉCOLE DE LA PENSÉE NOUVELLE

L'amour qui occupe les plus grands penseurs et sauveurs du monde diffère grandement de la conception que la plupart des gens s'en font. L'amour, c'est beaucoup plus qu'aimer sa famille, ses amis et ses possessions, car l'amour n'est pas qu'un sentiment : l'amour est une force positive. L'amour n'est pas fragile, faible ou chétif. L'amour est *la* force positive de la vie ! L'amour est à l'origine de *tout* ce qui est bon et positif. Il n'y a pas cent forces positives dans la vie; il n'y en a qu'une.

Les grands pouvoirs de la nature, comme la gravité et l'électromagnétisme, sont invisibles à nos yeux, mais leur pouvoir est indiscutable. De même, la force de l'amour nous est invisible, mais son pouvoir est en fait beaucoup plus grand que tous les pouvoirs de la nature réunis. La preuve de sa puissance est manifeste partout dans le monde : sans amour, la vie n'existe pas.

Prenez le temps d'y réfléchir : que serait le monde sans amour ? Tout d'abord, vous n'existeriez même pas ; sans amour vous ne seriez pas né. Ni aucun membre de votre famille, ni aucun de vos amis, d'ailleurs. En fait, il n'y aurait pas un seul être humain sur la planète. Si la force de l'amour cessait d'agir aujourd'hui, la race humaine tout entière s'affaiblirait et finirait par s'éteindre.

Chaque invention, découverte et création humaine tire son origine de l'amour qui habite le cœur de l'homme. N'eût été de l'amour des frères Wright, nous ne voyagerions pas dans le ciel. Sans celui des scientifiques, des inventeurs et des découvreurs, nous n'aurions pas à notre disposition l'électricité, le chauffage et l'éclairage; pas plus que l'automobile ou le téléphone, sans oublier les technologies qui nous facilitent la vie et la rendent plus agréable. Sans l'amour des architectes et des bâtisseurs, les maisons, les édifices et les villes n'existeraient pas. Sans l'amour, il n'y aurait pas de médicaments, de médecins ou d'installations d'urgence. Pas de professeurs, d'écoles ou d'éducation. Il n'y aurait pas de livres, pas de grands tableaux et pas de musique, car toutes ces choses sont le résultat de la force positive de l'amour. Regardez autour de vous : tout ce que vous voyez et qui a été façonné par l'homme n'existerait pas sans l'amour.

> *« Retirez l'amour et notre terre est une tombe. »*
>
> Robert Browning (1812-1889)
>
> POÈTE

L'amour est la force qui vous transporte

Tout ce que vous voulez être, faire ou avoir découle de l'amour. Sans l'amour, vous seriez paralysé. Il n'existerait pas de force positive pour vous inciter à vous lever le matin, à travailler, jouer, danser, parler, apprendre, écouter de la musique ou à faire quoi que ce soit d'autre. Vous seriez comme une statue de pierre. C'est la force positive de l'amour qui vous pousse de l'avant et qui vous donne le désir d'être, de faire et d'avoir tout ce qui compte à vos yeux. La force positive de l'amour a le pouvoir d'attirer toutes les bonnes choses de la vie, d'intensifier ses bons côtés et de changer en mieux tout ce qui ne va pas. Vous avez le pouvoir d'influer sur votre santé, votre situation financière, votre carrière, vos relations et sur tous les aspects de votre vie. Et ce pouvoir – l'amour – est en vous !

Mais si vous avez le pouvoir d'influer sur votre vie et que ce pouvoir est en vous, pourquoi alors votre vie n'est-elle pas exceptionnelle ? Pourquoi chacun des aspects de votre vie n'est-il pas merveilleux ? Pourquoi n'avez-vous pas tout ce que votre cœur désire ? Pourquoi n'avez-vous pas toujours pu réaliser tout ce que vous vouliez faire? Et pourquoi n'êtes-vous pas chaque jour rempli de joie ?

Voici la réponse : parce que vous avez le choix. Vous avez le choix d'aimer et d'apprivoiser cette force positive – ou non. Et que vous en soyez conscient ou pas, vous faites ce choix chaque jour – à chaque *instant* de votre vie. Chaque fois, sans exception, que vous avez vécu quelque chose d'agréable dans votre vie, vous avez fait preuve d'amour et vous vous êtes servi de sa force positive. Et chaque fois, sans exception, que vous avez vécu quelque chose de désagréable, vous n'avez pas utilisé la force positive de l'amour, ce qui a eu pour conséquence de générer de la négativité. L'amour est à l'origine de tout ce qui est bon dans votre vie et le manque d'amour engendre négativité, douleur et souffrance. Malheureusement, il ne fait aucun doute qu'un manque de connaissance et de compréhension du pouvoir de l'amour semble caractériser la vie de la plupart des gens à travers le monde aujourd'hui – comme tout au long de l'histoire de l'humanité.

« L'amour est la plus universelle, la plus formidable et la plus mystérieuse des énergies cosmiques. »

Pierre Teilhard de Chardin (1881-1955)

PRÊTRE ET PHILOSOPHE

Vous êtes en train d'accéder à la connaissance du seul et unique pouvoir qui vous ouvrira la porte de tout ce qui est bon dans la vie, et vous serez bientôt en mesure de l'utiliser pour transformer votre vie tout entière. Mais tout d'abord, vous devez *parfaitement* comprendre comment fonctionne l'amour.

La loi de l'amour

L'univers est régi par des lois naturelles. Nous pouvons voyager en avion parce que l'aviation opère en harmonie avec les lois naturelles. Les lois de la physique n'ont pas changé pour nous permettre de planer dans les airs, mais nous avons trouvé un moyen d'agir en symbiose avec ces lois naturelles, et c'est ce qui nous permet de sillonner le ciel. Tout comme les lois de la physique régissent l'aviation, l'électricité et la gravité, il existe une loi qui régit l'amour. Pour apprivoiser la force positive de l'amour et transformer votre vie, vous devez comprendre la loi qui la sous-tend, la loi la plus puissante de l'univers – la loi de l'attraction.

De l'infiniment grand à l'infiniment petit – la loi de l'attraction est ce qui maintient en place toutes les étoiles de l'univers et qui permet la formation de tous les atomes et de toutes les molécules. La force d'attraction du soleil retient les planètes dans notre système solaire et les empêche de s'égarer dans l'espace. C'est l'attraction exercée par la gravité qui maintient sur terre tous les êtres humains, animaux, plantes et minéraux. La force d'attraction est présente partout dans la nature, de la fleur qui attire les abeilles, de la graine qui attire les nutriments contenus dans le sol, en passant par toutes les créatures vivantes qui sont attirées par les membres de leur propre espèce. La force d'attraction agit sur tous les animaux de la terre, les poissons des océans et les oiseaux du ciel, les incitant à se multiplier et à former des troupeaux, des bancs et des volées. La force d'attraction maintient ensemble les cellules de votre corps, les matériaux de votre maison ainsi que les sièges sur lesquels vous vous assoyez. De plus, elle garde votre auto sur la route et l'eau dans votre verre. Tous les objets que vous utilisez sont soumis à la force d'attraction.

L'attraction est la force qui fait que les gens sont attirés les uns par les autres. Elle pousse les gens à former des villes et des nations, des groupes, des clubs et des sociétés où ils partagent des intérêts communs. C'est la force qui attire une personne vers la science et une autre vers la gastronomie ; elle fait que les gens sont attirés par divers sports ou styles musicaux, et que d'autres développent une passion pour certaines bêtes, sauvages ou de compagnie. L'attraction est la force qui vous attire vers les choses et les endroits qui vous séduisent, vers vos amis et les gens que vous aimez.

La force d'attraction de l'amour

Donc, qu'est-ce que la force d'attraction? La force d'attraction est la force de l'amour! L'attraction *est* l'amour. Lorsque vous ressentez une attirance envers votre plat favori, vous ressentez de l'amour; sans cette attirance, vous ne ressentiriez absolument rien. Tous les aliments s'équivaudraient pour vous. Vous ne sauriez distinguer ce que vous aimez de ce que vous n'aimez pas, car rien ne vous attirerait. De la même façon, vous ne seriez pas attiré par une autre personne, une ville en particulier, une maison, une automobile, un travail, de la musique, des vêtements ou quoi que ce soit, tout simplement parce que c'est par le biais de la force d'attraction que vous ressentez de l'amour!

> *« La loi de l'attraction ou la loi de l'amour. . . rien ne les distingue. »*
>
> Charles Haanel (1866-1949)
>
> AUTEUR, ÉCOLE DE LA PENSÉE NOUVELLE

La loi de l'attraction *est* la loi de l'amour, et c'est cette loi toute-puissante qui préserve l'harmonie de tout ce qui existe, des innombrables galaxies jusqu'aux atomes. Elle gouverne tout ce qui compose l'univers. C'est la loi qui gouverne votre vie.

En termes universels, la loi de l'attraction stipule que ce qui se ressemble s'assemble. Autrement dit, ce que vous *donnez* dans la vie, vous le *recevez* en retour. Tout ce que vous offrez vous est rendu. Selon la loi de l'attraction, tout ce que vous donnez est exactement ce que vous attirez de nouveau vers vous.

> *« À chaque action correspond une réaction égale et opposée. »*
>
> Isaac Newton (1643-1727)
>
> MATHÉMATICIEN ET PHYSICIEN

L'action de *donner* entraîne une action opposée de *recevoir* ; et ce que vous recevez est toujours égal à ce que vous avez donné. Tout ce que vous donnez dans la vie vous est obligatoirement rendu. Ce sont les règles de la physique et des mathématiques de l'univers.

Donnez de la positivité et vous *recevrez* en échange de la positivité ; *donnez* de la négativité et vous *recevrez* en échange de la négativité. En cultivant la positivité dans votre vie, celle-ci sera remplie de choses positives. Faites le contraire et votre vie sera hantée par la négativité. Et comment transmet-on la positivité ou la négativité ? Par le biais des pensées et des sentiments que l'on entretient !

À tout instant, vous entretenez des pensées qui sont soit positives, soit négatives. Il en va de même pour vos sentiments. Et c'est leur positivité ou leur négativité qui déterminera ce que vous recevrez en retour dans la vie. Toutes les personnes, les circonstances et tous les événements qui tissent la trame de votre quotidien ont été attirés vers vous par la force de vos pensées et de vos sentiments. La vie n'est pas simplement quelque chose que vous subissez ; tout ce que vous *recevez* dans la vie est basé sur ce que vous avez *donné*.

« Donnez, et l'on vous donnera... car de la mesure dont vous mesurez on mesurera pour vous en retour. »

Jésus (VERS 5 AV. J.-C. – 30 APR. J.-C.)

FONDATEUR DU CHRISTIANISME,
DANS L'ÉVANGILE SELON SAINT LUC 6,38

Ce que vous donnez – vous recevez. Aidez et soutenez un ami qui déménage, et vous recevrez assurément une assistance similaire à la vitesse de l'éclair. Exprimez de la colère envers un membre de votre famille qui vous a laissé tomber, et cette colère vous rattrapera sous les apparences d'un événement qui vous touchera personnellement.

Vous créez votre vie avec vos pensées et vos sentiments. Tout ce que vous pensez et ressentez façonne tout ce qui vous arrive et tout ce que vous expérimentez dans la vie. Si vous dites et sentez : « Je vis une journée difficile et stressante aujourd'hui », vous attirerez toutes les personnes, circonstances et situations qui rendront votre journée difficile et stressante.

Si vous dites et pensez : « La vie est très bonne pour moi », vous attirerez les gens, les circonstances et les situations qui rendront effectivement votre vie très agréable.

Vous êtes un aimant

La loi de l'attraction fait en sorte que chacune des choses qui vous arrivent est immanquablement basée sur ce que vous avez donné. Vous attirez comme un aimant les circonstances relatives à la richesse, à la santé, aux relations interpersonnelles, au travail et à tous les événements et expériences de votre vie, et ce, avec les pensées et les sentiments que vous entretenez et dégagez. Cultivez des pensées et des sentiments positifs à propos de l'argent et vous attirerez comme un aimant les circonstances, les gens et les événements positifs qui vous apporteront encore plus d'argent. Entretenez des pensées et des sentiments négatifs à propos de l'argent, et vous attirerez les gens, les circonstances et les événements négatifs qui vous mettront dans une situation financière précaire.

> *« J'ignore si l'humanité en viendra à suivre consciemment la loi de l'amour. Mais cette pensée ne devrait pas m'affecter, puisque de toute façon cette loi fonctionne à l'instar de la loi de la gravitation, qu'on l'accepte ou non. »*
>
> Mahatma Gandhi (1869-1948)
>
> LEADER POLITIQUE INDIEN

Aussi vrai que des pensées et des sentiments vous habitent, la loi de l'attraction y réagit. Que ces pensées ou sentiments soient bons ou mauvais, vous les émettez et ils vous seront retournés aussi sûrement et aussi précisément que l'écho renvoie vos paroles. Cela signifie que vous pouvez changer votre vie en changeant vos pensées et vos sentiments. Nourrissez des pensées et des sentiments positifs, et vous changerez votre vie tout entière!

Les pensées positives et les pensées négatives

Vos pensées sont à la fois les mots que vous entendez dans votre tête et les mots que vous prononcez tout haut. Lorsque vous dites à quelqu'un : « Quelle belle journée », vous avez d'abord eu cette pensée avant de l'exprimer avec des mots. Vos pensées deviennent aussi vos actions. Lorsque vous sortez du lit le matin, vous avez d'abord eu cette pensée de quitter votre lit avant de le faire. Vous ne pouvez pas faire un geste sans d'abord y avoir pensé.

Ce sont vos pensées qui déterminent si les mots que vous prononcerez et les gestes que vous ferez seront positifs ou négatifs. Mais comment savoir si vos pensées sont positives ou négatives ? Vos pensées sont positives lorsqu'elles portent sur ce que vous voulez et aimez ! Et vos pensées sont négatives lorsqu'elles portent sur ce que vous ne voulez pas et n'aimez pas. C'est aussi simple que ça.

Quelles que soient les choses que vous voulez dans la vie, vous les voulez parce que vous les aimez. Prenez un instant pour y réfléchir. Vous ne voulez pas des choses que vous n'aimez pas, n'est-ce pas ? Chacun veut que ce qu'il aime ; personne ne veut ce qu'il n'aime pas.

Lorsque vous pensez à des choses que vous voulez et aimez, ou que vous en parlez, par exemple : « J'adore ces chaussures, elles sont magnifiques », vos pensées sont positives, et ces pensées positives vous reviendront sous la forme d'une chose que vous aimez – soit de magnifiques chaussures. Lorsque vous pensez à des choses que vous ne voulez et n'aimez pas, ou que vous en parlez, par exemple : « Mais regardez-moi le prix de ces chaussures, c'est pratiquement du vol », vos pensées sont négatives et celles-ci vous reviendront sous la forme de choses que vous n'aimez pas – de choses qui sont au-dessus de vos moyens.

Les pensées et les paroles de la plupart des gens portent *davantage* sur les choses qu'ils n'aiment pas que sur les choses qu'ils aiment. Ils émettent plus de négativité que d'amour et, ce faisant, ils se privent de toutes les bonnes choses de la vie.

Il est impossible d'avoir une vie extraordinaire sans amour. Les pensées et les paroles des gens qui ont une vie extraordinaire portent *davantage* sur ce qu'ils aiment que sur ce qu'ils n'aiment pas ! En revanche, les pensées et les paroles des gens qui luttent pour leur survie portent *davantage* sur ce qu'ils n'aiment pas que sur ce qu'ils aiment !

« Un seul mot nous libère du poids des souffrances de la vie, et c'est le mot amour. »

Sophocle (496-406 AV. J.-C.)

DRAMATURGE GREC

Parlez de ce que vous aimez

Lorsque vous parlez de vos difficultés financières, d'un problème relationnel qui vous préoccupe, d'une maladie ou même des profits de votre entreprise qui sont à la baisse, vous ne parlez pas de ce que vous aimez. Lorsque vous commentez une mauvaise nouvelle ou que vous parlez d'une personne ou d'une situation qui vous agace ou qui vous frustre, vous ne parlez pas de ce que vous aimez. Vous ne parlez pas non plus de ce que vous aimez lorsque vous décrivez la mauvaise journée que vous venez de passer, racontez que vous avez été en retard à un rendez-vous, pris dans un bouchon de circulation ou raté l'autobus. Le quotidien est fait de mille et une petites choses; si vous vous laissez aller à parler de celles que vous n'aimez pas, chacune de ces petites choses n'apportera que des difficultés et des problèmes supplémentaires dans votre vie.

Vous devez plutôt parler des bonnes nouvelles de la journée. Parlez du rendez-vous qui s'est bien déroulé. Dites que vous aimez être ponctuel. Parlez du bien-être que vous procure votre bonne santé. Parlez des profits que vous souhaitez voir votre entreprise réaliser. Parlez des situations et des interactions que vous avez eues durant la journée et qui se sont bien déroulées. Vous devez parler de ce que vous aimez pour attirer à vous les choses que vous aimez.

Si vous répétez comme un perroquet des choses négatives et râlez sans cesse à propos des choses que vous n'aimez pas, vous vous emprisonnez littéralement vous-même, comme un perroquet dans une cage. Chaque fois que vous parlez de quelque chose que vous n'aimez pas, vous ajoutez un barreau à cette cage et vous vous coupez un peu plus des bonnes choses de la vie.

Les gens qui ont une vie extraordinaire parlent *davantage* de ce qu'ils aiment. Ce faisant, ils gagnent un accès illimité à toutes les bonnes choses de la vie, et ils sont aussi libres que les oiseaux qui volent dans le ciel. Pour vivre une vie extraordinaire, brisez les barreaux de la cage qui vous emprisonne ; donnez de l'amour, ne parlez que de ce que vous aimez, et l'amour vous libérera !

« Et vous connaîtrez la vérité et la vérité vous libérera. »

Jésus (VERS 5 AV. J.-C. – 30 APR. J.-C.)

FONDATEUR DU CHRISTIANISME,
DANS L'ÉVANGILE SELON SAINT JEAN 8,32

Rien n'est impossible pour la force de l'amour. Peu importe qui vous êtes, peu importe la situation à laquelle vous vous heurtez, la force de l'amour peut vous libérer.

Je connais une femme qui, grâce à l'amour, a su briser les chaînes qui la retenaient prisonnière. Après vingt ans de mariage avec un homme abusif, elle avait été abandonnée dans la misère et faisait face à la perspective d'élever seule ses enfants. Malgré toutes ces épreuves, cette femme n'a jamais laissé le ressentiment, la colère ou la rancœur prendre racine en elle. Elle n'a jamais parlé en mal de son ex-mari, mais tenait plutôt des propos constructifs concernant son rêve d'un nouvel époux, un homme beau et parfait, et de son désir de voyager en Europe. Même si elle n'avait pas l'argent pour voyager, elle a demandé et obtenu un passeport, et s'est acheté plusieurs babioles dont elle aurait besoin lors du voyage de ses rêves.

Eh bien, elle a effectivement rencontré un homme beau et parfait. Après leur mariage, ils ont emménagé dans la maison qu'il possédait au bord de la mer en Espagne, et ils y coulent depuis des jours heureux.

Cette femme a refusé de parler de ce qu'elle n'aimait pas, préférant donner de l'amour et faire porter ses pensées et ses paroles sur ce qu'elle aimait ; en choisissant l'amour, elle s'est affranchie de son passé malheureux et a reçu en retour une vie merveilleuse.

Vous avez le pouvoir de changer votre vie parce que vous avez la capacité infinie d'orienter vos pensées et vos paroles sur ce que vous aimez, et vous avez donc la capacité infinie d'attirer à vous toutes les bonnes choses de la vie ! Toutefois, le pouvoir qui vous habite est beaucoup plus grand que cela et ne se limite pas à générer des pensées et des paroles constructives à propos des choses que vous aimez, car la loi de l'attraction réagit à vos pensées *et* à vos sentiments. Vous devez *ressentir* l'amour pour en exploiter le pouvoir !

« L'amour est donc la Loi dans sa plénitude. »

Saint Paul (VERS 5-67)

APÔTRE CHRÉTIEN, DANS L'ÉPÎTRE AUX ROMAINS 13,10

LE POUVOIR EN BREF

- *L'amour n'est pas fragile, faible ou chétif. L'amour est la force positive de la vie ! L'amour est à l'origine de tout ce qui est bon et positif.*

- *Tout ce que vous voulez être, faire ou avoir découle de l'amour.*

- *La force positive de l'amour a le pouvoir d'attirer toutes les bonnes choses de la vie, d'intensifier ses bons côtés et d'améliorer tout ce qui ne va pas.*

- *Chaque jour, à chaque instant, vous choisissez d'aimer et d'exploiter le pouvoir de l'amour – ou non.*

- *La loi de l'attraction est la loi de l'amour, et c'est la loi qui gouverne votre vie.*

- *Tout ce que vous offrez vous est rendu. Donnez de la positivité et vous recevrez en échange de la positivité; donnez de la négativité et vous recevrez en échange de la négativité.*

- *La vie n'est pas simplement quelque chose que vous subissez ; tout ce que vous recevez dans la vie est basé sur ce que vous avez donné.*

- *Que vos pensées ou sentiments soient bons ou mauvais, ils vous seront retournés aussi sûrement et aussi précisément que l'écho vous renvoie vos paroles.*

- *Les pensées et les paroles des gens qui ont une vie extraordinaire portent davantage sur ce qu'ils aiment que sur ce qu'ils n'aiment pas!*

- *Parlez des bonnes nouvelles de la journée. Parlez de ce que vous aimez. Et attirez à vous ce que vous aimez.*

- *Vous avez la capacité infinie d'orienter vos pensées et vos paroles sur ce que vous aimez, et vous avez donc la capacité infinie d'attirer à vous toutes les bonnes choses de la vie!*

- *Aimez, car lorsque vous aimez, vous utilisez le plus grand pouvoir de l'univers.*

LE POUVOIR DES SENTIMENTS

« Le sentiment est le secret. »

Neville Goddard (1905-1972)

AUTEUR, ÉCOLE DE LA PENSÉE NOUVELLE

Vous êtes un être de sentiments

Depuis l'instant de votre naissance, vous avez constamment éprouvé des sensations, comme tous les êtres humains, d'ailleurs. Vos pensées conscientes se taisent lorsque vous dormez, mais vous ne pouvez jamais cesser d'avoir des sensations, tout simplement parce qu'être vivant, c'est être sensible à la vie. Vous êtes un « être » de sentiments jusqu'au bout des ongles, et il n'est donc pas surprenant que chaque partie de votre corps ait été conçue de manière à ce que vous ressentiez la vie !

Vous êtes doté des sens de la vue, de l'ouïe, du goût, de l'odorat et du toucher, ce qui vous permet de tout percevoir dans la vie. Ce sont des « outils de sensation », car ils vous permettent de ressentir ce que vous voyez, entendez, goûtez, humez et touchez. Votre corps tout entier est recouvert d'une fine couche de peau, elle-même un outil de sensation qui vous permet de tout *ressentir*.

La façon dont vous vous sentez à tout instant est cruciale, car c'est ce que vous ressentez qui tisse la trame de votre vie.

Vos sentiments sont le carburant de vos pensées

Vos pensées et vos paroles n'exercent aucun pouvoir sur votre vie sans vos sentiments. En une seule journée, il vous vient à l'esprit un grand nombre de pensées qui ne vous laissent aucune impression, car elles ne déclenchent aucune émotion forte en vous. C'est ce que vous *ressentez* qui compte !

Imaginez que vos pensées et vos paroles sont un vaisseau spatial, et que vos sentiments en sont le carburant. Un vaisseau spatial sans carburant n'est rien de plus qu'un véhicule sans motricité, car c'est le carburant qui fournit le pouvoir qui le propulsera dans l'espace. C'est la même chose avec vos pensées et vos paroles. Vos pensées et vos paroles sont des véhicules qui ne peuvent fonctionner sans vos sentiments, car vos sentiments sont le pouvoir de vos pensées et de vos paroles !

Si vous pensez : « Je ne peux plus supporter mon patron », cette pensée exprime un fort *sentiment* négatif à l'égard de votre patron, et vous dégagez ce *sentiment* négatif. Par conséquent, votre relation avec votre patron continuera de se détériorer !

Si vous pensez plutôt : « Mon emploi me permet de travailler avec des personnes fabuleuses », cette pensée exprime un *sentiment* positif à l'égard des gens avec qui vous travaillez et vous dégagez alors un *sentiment* positif. Par conséquent, vos relations avec vos collègues continueront de s'améliorer.

> *« Les émotions doivent être sollicitées pour greffer un sentiment à la pensée et, ainsi, lui permettre de prendre forme. »*
>
> Charles Haanel (1866-1949)
>
> AUTEUR, ÉCOLE DE LA PENSÉE NOUVELLE

Les bons et les mauvais sentiments

Comme tout dans la vie, vos sentiments peuvent être soit positifs, soit négatifs ; vous éprouvez de bons ou de mauvais sentiments. Tous les bons sentiments découlent de l'amour ! Et tous les mauvais sentiments découlent d'un manque d'amour. Mieux vous vous sentez, quand vous êtes joyeux par exemple, plus vous dégagez d'amour. Et plus vous *donnez* d'amour, plus vous en *recevez*.

Si vous ne vous sentez pas bien, quand vous éprouvez du désespoir ou du désarroi par exemple, vous dégagez de la négativité. Plus vous dégagez de négativité, plus vous attirez vers vous des circonstances négatives de la vie. Si les sentiments négatifs font que vous vous sentez si mal, c'est

amour
gratitude
joie
passion
excitation
enthousiasme
espoir
satisfaction
ennui
irritation
déception
inquiétude
critique
colère
haine
envie
culpabilité
désespoir
peur

parce que l'*amour* est la force positive de la vie et que les sentiments négatifs n'en contiennent pas beaucoup!

Mieux vous vous sentez, meilleure devient la vie.

Moins bien vous vous sentez, pire va la vie – du moins jusqu'à ce que vous changiez la nature de vos sentiments.

Lorsque vous vous sentez bien, vos pensées sont automatiquement agréables. Il est impossible de se sentir bien tout en entretenant des pensées négatives ! De même, il est impossible de se sentir mal et d'avoir en même temps des pensées positives.

La façon dont vous vous sentez est un reflet fidèle, une mesure extrêmement précise de ce que vous dégagez à tout instant. Lorsque vous vous sentez bien, vous n'avez pas à vous soucier de quoi que ce soit puisque vos pensées, vos paroles et vos gestes seront positifs. En vous sentant bien, vous irradiez automatiquement l'amour, et tout cet amour est appelé à vous revenir sous une forme ou une autre !

Les bons sentiments sont synonymes de bien-être

La plupart des gens savent ce que c'est que de se sentir bien ou très mal, mais ils ne se rendent pas compte qu'ils vivent souvent avec des sentiments négatifs. Les gens associent le fait de se sentir mal à une négativité extrême, comme la tristesse, le chagrin, la colère ou la peur, et bien que le mal-être inclue tous ces états d'âme, les sentiments négatifs se manifestent à diverses intensités.

Si vous vous sentez la plupart du temps dans une forme « ordinaire », vous pourriez supposer qu'il s'agit d'un sentiment positif puisque vous ne vous sentez pas carrément mal. Mais si vous vous sentez dans une forme ordinaire après vous être vraiment senti mal, vous estimerez certainement que cet état d'âme est nettement plus agréable. Mais cet état d'âme relève d'un sentiment négatif, car se sentir dans une forme ordinaire n'est pas se sentir bien. Se sentir bien, c'est se sentir bien! C'est être heureux, joyeux, excité, enthousiaste ou passionné. Lorsque vous vous sentez dans une forme ordinaire, ou que vous ne ressentez rien de précis, votre vie risque de prendre cette tournure ordinaire, sans odeur ni saveur! Ce qui est loin de constituer une vie agréable. Les bons sentiments sont synonymes de bien-être, et un grand bien-être se traduit par une vie très agréable!

« La mesure de l'amour est d'aimer sans mesure. »

Saint Bernard de Clairvaux (1090-1153)

MOINE CHRÉTIEN ET MYSTIQUE

Lorsque vous êtes joyeux, vous dégagez de la joie. Vous vivrez en échange des expériences et des situations remplies de joies, et vous rencontrerez des gens joyeux partout où vous irez. Que ce soit la diffusion de votre chanson favorite à la radio ou l'annonce d'une augmentation de salaire – toutes les circonstances de votre vie, des plus simples aux plus gratifiantes, découlent de la loi de l'attraction en réponse à vos sentiments de joie. Par contre, lorsque vous êtes irrité, vous dégagez de l'irritation. Vous attirerez alors des expériences, des situations et des personnes irritantes partout où vous irez. Qu'il s'agisse d'une simple piqûre de moustique ou d'une panne de voiture, ces circonstances seront provoquées par la loi de l'attraction qui répond à votre irritation.

Tout bon sentiment vous unit avec la force de l'amour parce que l'amour est la source de tous les bons sentiments. Les sentiments d'enthousiasme, d'excitation et de passion proviennent de l'amour et lorsque vous ressentez l'un ou l'autre de ces sentiments de façon constante, votre vie se trouve remplie d'enthousiasme, d'excitation et de passion.

Vous avez la capacité d'exploiter pleinement le pouvoir d'un bon sentiment en en amplifiant le volume. Pour amplifier le volume d'un sentiment, vous devez l'assumer et accroître délibérément son intensité afin de vous sentir le mieux possible. Pour amplifier l'enthousiasme, gorgez-vous d'enthousiasme ; tirez tout ce que vous pouvez de ce sentiment en le vivant intensément ! Lorsque vous ressentez de la passion ou de l'excitation, délectez-vous de ces sentiments et amplifiez-les en les vivant avec le plus de profondeur possible. Plus vous amplifiez vos bons sentiments, plus vous rayonnez d'amour, et les résultats qui se manifesteront dans votre vie ne seront rien de moins que spectaculaires.

Lorsque vous êtes habité par de bons sentiments, vous pouvez également les amplifier en mettant l'accent sur les choses que vous aimez. Chaque jour, avant de m'asseoir pour écrire ce livre, je consacrais quelques minutes à amplifier mes bons sentiments. Pour ce faire, je pensais à toutes les choses que j'aime. Je les énumérais les unes après les autres sans m'arrêter : ma famille, mes amis, ma maison, les fleurs de mon jardin, le temps, les couleurs, les situations, les événements agréables de la semaine, du mois ou de l'année. Je consignais dans ma tête tout ce que j'aimais jusqu'à ce que je me sente incroyablement bien. Et puis, je m'assoyais pour écrire. Amplifier vos bons sentiments n'est pas plus compliqué que ça, et vous pouvez le faire n'importe où, n'importe quand.

Vos sentiments sont le reflet de ce que vous donnez

En examinant les principaux aspects de votre vie, vous pouvez dès maintenant déterminer si vous avez entretenu plus de bons sentiments que de mauvais sentiments, ou le contraire. La façon dont vous vous *sentez* par rapport à chacun des aspects de votre vie, comme l'argent, la santé, votre emploi et vos relations interpersonnelles, est le reflet exact ce que vous avez donné dans chacun de ces domaines.

Lorsque vous pensez à l'argent, vos sentiments reflètent ce que vous dégagez à cet égard. Si vous vous sentez mal lorsque vous y pensez, parce que vous estimez ne pas en avoir assez, vous attirez des circonstances et des expériences négatives qui sont associées au manque d'argent – car c'est le sentiment négatif que vous donnez.

Lorsque vous pensez à votre travail, vos sentiments vous disent ce que vous projetez à cet égard. Si vous vous sentez bien par rapport à votre travail, vous attirez forcément des situations et des expériences heureuses sur le plan professionnel – car c'est le sentiment positif que vous donnez. Il en va de même lorsque vous pensez à votre famille, à votre santé ou à tout autre aspect de votre vie qui est important pour vous : vos sentiments vous permettent de déterminer ce que vous donnez.

« Prenez garde à vos humeurs et à vos émotions, car elles sont étroitement liées au monde visible qui vous entoure. »

Neville Goddard (1905-1972)

AUTEUR, ÉCOLE DE LA PENSÉE NOUVELLE

La vie ne vous arrive pas ainsi par hasard ; la vie vous *répond*. C'est vous qui décidez de votre vie ! Vous décidez de chacun des aspects de votre vie. Vous êtes le créateur de votre vie. Vous êtes le scénariste de l'histoire de votre vie. Vous êtes le réalisateur du film de votre vie. Vous décidez de ce que sera votre vie – par ce que vous donnez.

Il existe une gamme infinie de bons sentiments que vous êtes capable d'éprouver, ce qui signifie qu'il n'y a aucune limite

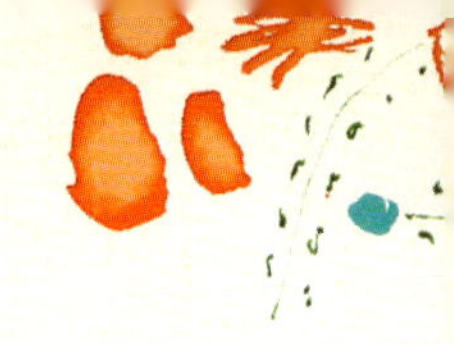

à ce que vous pouvez recevoir de la vie. Il existe également une gamme infinie de mauvais sentiments qui deviennent de plus en plus négatifs, mais il y a une limite à la souffrance que vous pouvez endurer, ce qui vous force finalement à revenir à de meilleurs sentiments.

Ce n'est pas par hasard ou par accident que les bons sentiments procurent un bien-être exceptionnel et que les mauvais sentiments ont l'effet contraire. L'amour est le pouvoir dominant de la vie, et il vous appelle et vous attire à la faveur des bons sentiments que vous éprouvez, de manière à ce que vous viviez la vie à laquelle vous êtes destiné. L'amour vous interpelle également à travers vos mauvais sentiments en vous rappelant que vous vous êtes coupé de la force positive de la vie !

Tout découle de la façon dont vous vous sentez

Tout dans la vie résulte de la façon dont vous vous sentez. Chaque décision que vous prenez est basée sur la façon dont vous vous sentez. Le pouvoir le plus mobilisateur de toute votre existence est celui de vos sentiments !

Peu importe les choses que vous voulez dans la vie, vous les souhaitez parce que vous les aimez et qu'elles vous font vous *sentir* bien. De la même façon, vous repoussez les choses que vous ne voulez pas parce qu'elles vous font vous *sentir* mal.

Vous souhaitez la santé parce qu'elle vous procure une sensation de bien-être, et que l'on se sent mal lorsqu'on est malade. Vous voulez de l'argent parce qu'il est bon de pouvoir acheter et faire ce que l'on aime, et que le manque d'argent est source de frustration. Vous voulez vivre des relations heureuses parce qu'elles vous comblent, alors que les relations difficiles vous démoralisent. Vous voulez être heureux parce que c'est exaltant et que vous vous sentez mal si vous êtes malheureux.

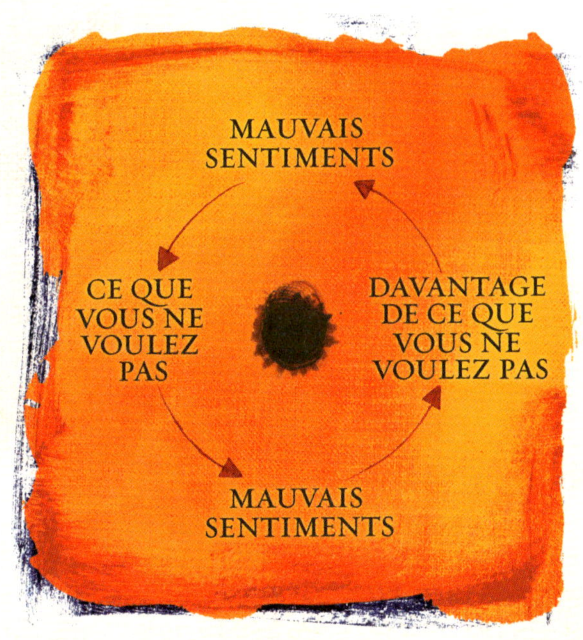

En nourrissant des désirs, vous êtes motivé par le sentiment de bien-être que leur satisfaction suscitera en vous! Et comment ferez-vous pour recevoir toutes ces bonnes choses de la vie ? En vous sentant bien ! L'argent vous veut. La santé vous veut. Le bonheur vous veut. Toutes les choses que vous aimez n'attendent qu'un signe de votre part ! Ces cadeaux de l'existence brûlent de faire partie de votre vie, mais vous devez d'abord offrir vos meilleurs sentiments à la vie pour recevoir ces bonnes choses en partage. Vous n'avez pas à lutter pour changer les circonstances de votre vie; vous n'avez qu'à donner de l'amour en éprouvant de bons sentiments, et tout ce que vous voulez se matérialisera !

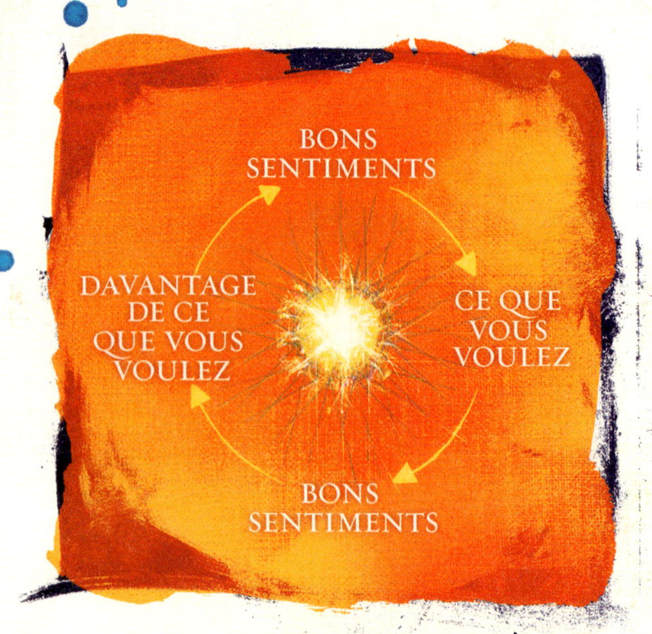

La force de l'amour, la clé de tout ce qui est bon dans la vie, s'apprivoise par vos bons sentiments. Ces derniers vous disent que c'est la voie à emprunter pour obtenir ce que vous voulez. Vos bons sentiments vous disent que lorsque vous vous sentez bien, la vie sera bonne pour vous ! Mais vous devez d'abord éprouver ces bons sentiments !

Si vous vous êtes toujours dit : « Je serai heureux lorsque j'aurai une plus grande maison », « Je serai heureux lorsque j'aurai un travail ou une promotion », « Je serai heureux lorsque les enfants seront à l'université », « Je serai heureux lorsque je serai à l'aise financièrement », « Je serai heureux lorsque je pourrai voyager », « Je serai heureux lorsque mon entreprise sera florissante », cela n'arrivera jamais, car vos pensées font obstacle à la façon dont l'amour fonctionne. Elles s'opposent à la loi de l'attraction.

Vous devez d'abord être heureux et *donner* du bonheur si vous voulez *recevoir* les bonnes choses de la vie ! Il ne peut en être autrement, car peu importe ce que vous souhaitez *recevoir* dans la vie, vous devez d'abord *donner* ! Vous êtes aux commandes de vos sentiments, vous êtes aux commandes de votre amour, et la force de l'amour vous rendra ce que vous aurez donné.

LE POUVOIR EN BREF

- *La façon dont vous vous sentez à tout instant est cruciale, car c'est ce que vous ressentez qui tisse la trame de votre vie.*

- *Vos sentiments sont le pouvoir de vos pensées et de vos paroles. C'est ce que vous ressentez qui compte !*

- *Tous les bons sentiments découlent de l'amour ! Et tous les mauvais sentiments découlent d'un manque d'amour.*

- *Tout bon sentiment vous unit avec la force de l'amour parce que l'amour est la source de tous les bons sentiments.*

- *Amplifiez vos bons sentiments en pensant aux choses que vous aimez. Énumérez l'une après l'autre les choses que vous aimez, sans vous arrêter. Continuez à consigner dans votre tête tout ce que vous aimez jusqu'à ce que vous vous sentiez incroyablement bien.*

- *La façon dont vous vous sentez par rapport à chacun des aspects de votre vie est le reflet exact de ce que vous avez donné dans chacun de ces domaines.*

- *La vie ne vous arrive pas par accident – la vie vous répond ! C'est par ce que vous donnez que vous décidez de ce que sera votre vie.*

- *Il existe une gamme infinie de bons sentiments que vous êtes capable d'éprouver, ce qui signifie qu'il n'y a aucune limite à ce que vous pouvez recevoir de la vie.*

- *Toutes les choses que vous aimez n'attendent qu'un signe de votre part ! L'argent vous veut. La santé vous veut. Le bonheur vous veut.*

- *Vous n'avez pas à lutter pour changer les circonstances de votre vie ; vous n'avez qu'à donner de l'amour en éprouvant de bons sentiments, et tout ce que vous voulez se matérialisera !*

- *Vous devez d'abord éprouver de bons sentiments. Vous devez d'abord être heureux et donner du bonheur si vous voulez recevoir les bonnes choses de la vie ! Peu importe ce que vous souhaitez recevoir dans la vie, vous devez d'abord donner !*

LES FRÉQUENCES
DES SENTIMENTS

Si vous pouvez le sentir, vous pouvez le recevoir

Tout est magnétique dans l'univers et tout a une fréquence. Vos sentiments et vos pensées ont également des fréquences magnétiques. Si vous éprouvez de bons sentiments, cela signifie que vous êtes en synchronisme avec la fréquence positive de l'amour. Si vous éprouvez de mauvais sentiments, cette fréquence est négative. Tout ce que vous ressentez, que ce soit positif ou négatif, détermine la fréquence à laquelle vous évoluez, et vous attirez comme un aimant les gens, les événements et les circonstances qui se trouvent sur la même fréquence !

Si vous vous sentez enthousiaste, la fréquence de ce sentiment attirera des gens, des situations et des événements caractérisés par l'enthousiasme. Si vous vous sentez craintif, la fréquence de ce sentiment attirera des gens, des situations et des événements caractérisés par la peur. La fréquence avec laquelle vous êtes en synchronisme ne laisse place à aucun doute, car elle est toujours la copie conforme de ce que vous ressentez ! Vous pouvez modifier cette fréquence en tout temps en modifiant vos sentiments, et tout ce qui vous entoure changera.

Vous avez le pouvoir de décider de l'issue de n'importe quelle situation dans votre vie, car ce sont vos sentiments qui la façonnent !

Une relation peut se dérouler sur une fréquence heureuse, joyeuse, excitante et satisfaisante. Une relation peut également se dérouler sur une fréquence ennuyeuse, frustrante, préoccupante, déprimante et pleine de ressentiment. Une relation peut évoluer de mille façons ! Et ce sont vos sentiments qui en détermineront précisément la teneur. Ce que vous ressentez à propos de cette relation est exactement ce que vous en retirerez. Si vous éprouvez la plupart du temps de la joie en pensant à cette relation, vous donnez de l'amour, et vous recevrez nécessairement de l'amour et de la joie en retour, car vous serez en synchronisme avec cette fréquence.

« Changer nos sentiments, c'est changer notre destin. »

Neville Goddard (1905-1972)

AUTEUR, ÉCOLE DE LA PENSÉE NOUVELLE

Examinez la liste des fréquences associées aux sentiments et vous verrez qu'elles peuvent s'appliquer à n'importe quel aspect de votre vie. Ce que vous ressentez à l'égard de chacun de ces domaines en détermine la teneur !

Vous pouvez vous sentir excité, heureux, joyeux, inquiet, craintif ou déprimé en songeant à votre situation financière. Vous pouvez vous sentir enthousiaste, passionné, serein,

amour
gratitude
joie
passion
excitation
enthousiasme
espoir
satisfaction
ennui
irritation
déception
inquiétude
critique
colère
haine
envie
culpabilité
désespoir
peur

découragé ou anxieux en songeant à votre état de santé. Ce sont là diverses fréquences de sentiments, et la fréquence avec laquelle vous êtes en synchronisme détermine ce que vous recevez.

Vous voulez peut-être voyager, mais si vous n'avez pas assez d'argent pour le faire, vous éprouverez un sentiment de déception. Et ce sentiment vous mettra sur la fréquence de la déception, et vous continuerez à attirer des circonstances décevantes qui vous empêcheront de voyager, et ce, jusqu'à ce que vous modifiiez la façon dont vous vous sentez. La force de l'amour agira sur les circonstances et vous permettra de voyager, mais vous devez pour cela être en synchronisme avec des fréquences positives pour recevoir ce cadeau de la vie.

Lorsque vous modifiez la façon dont vous vous sentez à propos d'une situation, vous changez de fréquence, et la situation *doit* changer afin d'en être le reflet. Si un événement négatif s'est produit dans votre vie, vous pouvez le modifier. Il n'est jamais trop tard, car vous pouvez toujours changer la façon dont vous vous sentez. Pour recevoir ce que vous voulez dans la vie, pour changer quoi que ce soit en quelque chose que vous aimez, n'importe quoi, *il suffit* de modifier la façon dont vous vous sentez !

« Si vous voulez trouver les secrets de l'Univers, pensez sous l'angle de l'énergie, de la fréquence et de la vibration. »

Nikola Tesla (1856-1943)

INVENTEUR DE LA RADIO ET DU COURANT ALTERNATIF

En ce qui a trait aux sentiments, débranchez le pilote automatique

Nombreux sont les gens qui ne connaissent pas le pouvoir des bons sentiments. C'est pourquoi leurs sentiments ne sont que des réactions ou des réponses à ce qui leur arrive. Ils ont enclenché le pilote automatique au lieu d'exercer consciemment un contrôle sur leurs sentiments. Lorsqu'une bonne chose leur arrive, ils se sentent bien. Et lorsqu'un malheur les frappe, ils se sentent mal. Ils ne se rendent pas compte que leurs sentiments sont la *cause* de ce qui leur arrive. En réagissant de façon négative à cette situation, ils *dégagent* encore plus de sentiments négatifs, et ils *reçoivent* en retour davantage de circonstances négatives dans leur vie. Ils se trouvent ainsi piégés dans un cercle vicieux par leurs propres sentiments. Leur vie tourne en rond et ne mène nulle part. Ils sont comme un hamster dans sa roue, car ils ne réalisent pas que pour changer leur vie, ils doivent modifier la fréquence de leurs sentiments !

« Ce n'est pas ce qui vous arrive qui importe, mais votre façon d'y réagir. »

Epictète (55-135)
PHILOSOPHE GREC

Si vous n'avez pas assez d'argent, il va de soi que vous ne vous sentez pas bien lorsque vous y pensez, et votre situation financière ne changera pas tant que vous nourrirez ces sentiments négatifs. Si vous éprouvez des sentiments négatifs à propos de l'argent, vous vibrez à une fréquence négative et des circonstances négatives se manifesteront dans votre vie sous la forme de grosses factures ou d'une conjoncture qui vous laissera sans le sou. Lorsqu'une grosse facture vous fait éprouver des sentiments négatifs, vous dégagez encore plus de négativité à l'égard de l'argent et vous attirez encore plus de circonstances négatives dans votre vie, des circonstances qui ne font qu'accroître vos difficultés financières.

Chaque seconde, sans exception, est une occasion de changer votre vie, car vous pouvez modifier votre état d'esprit à tout instant. Peu importe ce que vous avez ressenti auparavant. Peu importe les erreurs que vous croyez avoir commises. Lorsque vous changez la façon dont vous vous sentez, vous passez à une autre fréquence, et la loi de l'attraction réagit instantanément ! Lorsque vous changez la façon dont vous vous sentez, le passé n'existe plus ! Lorsque vous changez la façon dont vous vous sentez, votre vie change.

« Ne vous laissez pas aller au regret, car ressasser les erreurs du passé ne peut que vous miner. »

Neville Goddard (1905-1972)

AUTEUR, ÉCOLE DE LA PENSÉE NOUVELLE

Il n'y a pas d'excuses pour la force de l'amour

Si votre vie n'est pas remplie de tout ce que vous aimez, cela ne veut pas dire que vous n'êtes pas une personne bonne et aimante. Nous avons tous un but dans la vie, et c'est de triompher de la négativité en choisissant l'amour. Le problème, c'est que la majorité des gens aiment et puis cessent d'aimer plusieurs centaines de fois chaque jour. Ils n'aiment pas suffisamment longtemps pour que la force de l'amour leur apporte toutes les bonnes choses de la vie. Réfléchissez-y un peu : vous donnez de l'amour en serrant un être cher dans vos bras, et puis quelques instants plus tard, vous cessez de le faire parce que vous ne trouvez pas vos clés ou que vous êtes retardé à cause d'un embouteillage ou que vous n'arrivez pas à trouver un endroit où garer votre voiture. Vous donnez de l'amour lorsque vous riez avec un collègue, et puis vous cessez de le faire parce que le restaurant du coin est à court de ce que vous souhaitiez manger. Vous donnez de l'amour lorsque vous vous réjouissez du week-end à venir, et puis vous cessez de le faire lorsque vous recevez des factures. Et c'est ainsi que se déroule votre journée : vous donnez de l'amour et vous cessez de donner de l'amour, vous donnez de l'amour et vous cessez de donner de l'amour, vous donnez de l'amour et vous cessez de donner de l'amour – une vraie girouette.

Soit vous donnez de l'amour et mettez sa force à votre service, soit vous ne le faites pas. Vous ne pouvez harnacher la force de l'amour avec une excuse expliquant pourquoi vous n'avez pas aimé. Les excuses et les justifications ne font qu'ajouter de la négativité dans votre vie. Lorsque vous justifiez votre manque d'amour par une excuse, vous ressentez de nouveau la même négativité, et c'est ce que vous dégagez !

> *« Rester en colère, c'est comme saisir un charbon ardent avec l'intention de le jeter sur quelqu'un ; c'est vous qui vous brûlez. »*
>
> Gautama Bouddha (563-483 AV. J.-C.)
>
> FONDATEUR DU BOUDDHISME

Si vous éprouvez de l'agacement parce qu'il y a eu confusion à propos d'un rendez-vous, et si vous blâmez l'autre personne, vous utilisez alors le blâme comme une excuse pour ne pas donner d'amour. Mais la loi de l'attraction ne reçoit que ce que *vous* donnez, et si vous blâmez quelqu'un, alors des circonstances axées sur le blâme se manifesteront dans votre vie. Elles ne viendront peut-être pas de la personne que vous avez blâmée en premier lieu, mais elles se manifesteront assurément. Il n'y a pas d'excuses pour la force de l'amour. Vous recevez ce que vous donnez – point final.

Toutes les petites choses sont incluses

Le blâme, la critique, la recherche d'un coupable et les récriminations sont des formes de négativité. Toutes sont une importante source de dissensions. Chaque fois que vous formulez la moindre petite plainte, chaque fois que vous critiquez quelque chose, vous dégagez de la négativité. Vos récriminations à propos du temps qu'il fait, de la circulation routière, du gouvernement, de votre conjoint, de vos enfants, de vos parents, des longues files d'attente, de l'économie, de la nourriture, de votre corps, de votre travail, de vos clients, des entreprises, des prix, du bruit ou du service à la clientèle semblent bien anodines, mais elles sont chargées d'une grande négativité.

Éliminez de votre vocabulaire les mots tels que *terrible*, *horrible*, *dégoûtant* et *affreux*, car lorsque vous les prononcez, ils font naître en vous des sentiments intenses. Et si vous les prononcez, ils vous reviendront obligatoirement, et c'est à votre vie que ces adjectifs s'appliqueront! Ne croyez-vous pas que ce serait une bonne idée d'utiliser davantage de mots tels que *fantastique*, *exceptionnel*, *fabuleux*, *génial* et *merveilleux*?

Vous pouvez avoir tout ce que vous aimez et voulez, mais vous devez vivre en harmonie avec l'amour, et cela signifie qu'il n'y a pas d'excuses pour ne pas donner d'amour. Les excuses et les justifications vous empêchent de recevoir tout ce que vous voulez. Elles vous empêchent d'avoir une vie exceptionnelle.

« Tout ce que nous envoyons dans la vie des autres rejaillit dans la nôtre. »

Edwin Markham (1852-1940)

POÈTE

Vous ne faites pas de lien entre la plainte que vous avez déposée auprès d'un employé dans un magasin et l'appel que vous recevez quelques heures plus tard d'un voisin qui vous reproche les jappements de votre chien. Vous n'établissez pas de lien entre le dîner que vous avez pris avec un copain et pendant lequel vous avez parlé en mal d'un ami commun, et la constatation à votre retour au bureau que de graves problèmes sont survenus avec votre principal client. Vous n'établissez pas de lien entre la conversation que vous avez eue au souper à propos d'une mauvaise nouvelle et la nuit d'insomnie qui s'ensuit parce que vous avez l'estomac dérangé.

Vous n'établissez pas de lien entre le fait de vous être arrêté sur la rue pour aider quelqu'un qui avait échappé quelque chose et le fait que vous dénichiez dix minutes plus tard un espace de stationnement juste devant la porte du supermarché. Vous n'établissez pas de lien entre la joie que vous manifestez à aider votre enfant à faire ses devoirs et la bonne nouvelle que vous recevez le lendemain en apprenant que votre remboursement d'impôt sera plus élevé que prévu. Vous n'établissez pas de lien entre le service que vous rendez à un ami et les billets de faveur pour un événement sportif que votre patron vous offre la même semaine. À chaque instant de votre vie et dans tout ce qui la caractérise, vous recevez ce que vous avez donné, que vous en soyez conscient ou non.

> *« Rien ne vient de l'extérieur. Tout vient de l'intérieur. »*
>
> Neville Goddard (1905-1972)
>
> AUTEUR, ÉCOLE DE LA PENSÉE NOUVELLE

Le point de bascule

Si les pensées et les émotions positives constituent plus de 50 pour cent de ce que vous éprouvez, vous avez atteint un moment charnière dans votre vie. Si seulement 51 pour cent de vos pensées et émotions sont positives, vous avez atteint le point de bascule! Et voici pourquoi.

Lorsque vous donnez de l'amour, il ne vous est pas rendu uniquement sous forme de circonstances qui vous plaisent, mais il apporte également *davantage* d'amour et de positivité dans votre vie ! Cette nouvelle positivité attire alors davantage de choses positives, ajoutant ainsi encore *plus* d'amour et de positivité dans votre vie, et ainsi de suite. Tout est magnétique, et lorsque quelque chose de bien vous arrive, cela attire comme un aimant davantage de bonnes choses.

Vous en avez peut-être déjà fait l'expérience lorsque vous avez dit que vous étiez dans une « période de chance » ou que vous aviez « le vent dans les voiles », après qu'il vous est arrivé une bonne chose après l'autre, et que cela a continué. Et si toutes ces bonnes choses vous sont arrivées, c'est uniquement parce que vous avez dégagé plus d'amour que de négativité, et alors que cet amour vous a été rendu, il a apporté davantage d'amour dans votre vie, ce qui à son tour a attiré encore plus de bonnes choses.

Vous avez peut-être également fait l'expérience du contraire alors que quelque chose ne tournait pas rond, et puis que tout s'est mis à aller mal. Et cela s'est produit parce que vous avez dégagé plus de négativité que d'amour, et alors que cette négativité vous a été rendue, elle a apporté davantage de négativité dans votre vie, ce qui à son tour a attiré encore plus de choses négatives. Vous avez alors peut-être dit que vous étiez dans une « période de malchance », mais ces moments n'ont absolument rien à voir avec la malchance. C'était la loi de l'attraction qui agissait et ces moments, bons ou mauvais, n'étaient que le reflet du pourcentage d'amour ou de négativité que vous dégagiez. Ces périodes que vous qualifiez de « chance » ou de « malchance » ne sont que le résultat du point de bascule que vous avez provoqué avec vos sentiments.

> *« C'est ainsi que vous pouvez mener une vie charmante et être protégé pour toujours de tout mal; c'est ainsi que vous pouvez devenir une force positive attirant vers elle les conditions d'opulence et d'harmonie. »*

Charles Haanel (1866-1949)

AUTEUR, ÉCOLE DE LA PENSÉE NOUVELLE

Pour changer votre vie, il suffit de faire pencher la balance en donnant 51 pour cent d'amour par le biais de pensées positives et de bons sentiments. Une fois que vous aurez atteint le point de bascule en donnant plus d'amour que de négativité, l'amour qui vous sera rendu se sera multiplié en attirant davantage d'amour grâce à la loi de l'attraction. Soudain, vous ferez l'expérience d'une accélération et d'une multiplication des manifestations de choses positives dans votre vie ! Au lieu d'une augmentation de choses négatives, ce sont des choses positives qui arriveront, toujours plus nombreuses, dans chaque domaine de votre vie. Et c'est ainsi qu'est censée être votre vie.

Lorsque vous vous réveillez chaque matin, vous vous trouvez au point de bascule de votre journée. D'un côté se trouve une journée merveilleuse remplie de bonnes choses, et de l'autre se trouve une journée remplie de problèmes. C'est vous qui déterminez ce que sera votre journée – par la façon dont vous vous sentez ! Ce que vous ressentez est ce que vous donnez, et je vous assure que c'est exactement ce que vous recevrez en retour pendant la journée, où que vous alliez.

En commençant votre journée en vous sentant heureux, en continuant à vous sentir heureux tout au long de celle-ci, elle ne pourra qu'être fantastique ! Mais si vous commencez votre journée en étant d'une humeur massacrante, et que vous ne faites rien pour changer votre état d'esprit, votre journée sera très mauvaise.

Une journée pendant laquelle vous n'éprouvez que de bons sentiments ne fait pas que changer cette journée, elle influe sur le lendemain, et sur votre vie ! Si vous entretenez ces bons sentiments et vous vous couchez le soir en vous sentant bien, vous commencerez la journée du lendemain avec une dynamique de bons sentiments. En continuant à vous sentir le mieux possible, ces bons sentiments continueront à se multiplier sous l'effet de la loi de l'attraction, et votre vie s'améliorera sans cesse, jour après jour.

« Vivez aujourd'hui. Pas hier. Pas demain. Seulement aujourd'hui. Habitez le moment présent. »

Jerry Spinelli (NÉ EN 1941)
AUTEUR DE ROMANS POUR ENFANTS

Tant de gens ne vivent pas le moment présent. Ils sont totalement obnubilés par l'avenir, et pourtant c'est la façon dont nous vivons *aujourd'hui* qui façonne notre avenir. C'est la façon dont vous vous sentez *aujourd'hui* qui importe, car c'est la *seule* chose qui détermine votre avenir. Chaque jour est une occasion de vivre une nouvelle vie, car vous vous tenez chaque jour sur le point de bascule de votre existence. Et vous pouvez modifier votre avenir en une seule journée – par le biais de vos sentiments. Lorsque vous faites pencher la balance du côté des bons sentiments, la force de l'amour changera votre vie si rapidement que vous aurez peine à y croire.

LE POUVOIR EN BREF

- *Tout est magnétique dans l'univers et tout a une fréquence, incluant vos pensées et vos sentiments.*

- *Tout ce que vous ressentez, que ce soit positif ou négatif, détermine la fréquence à laquelle vous évoluez, et vous attirez comme un aimant les gens, les événements et les circonstances qui se trouvent sur la même fréquence.*

- *Vous pouvez modifier cette fréquence en tout temps en modifiant vos sentiments, et tout ce qui vous entoure changera.*

- *Si un événement négatif s'est produit dans votre vie, vous pouvez le modifier. Il n'est jamais trop tard, car vous pouvez toujours changer la façon dont vous vous sentez.*

- *Beaucoup de gens enclenchent le pilote automatique lorsqu'il s'agit de leurs sentiments; ces derniers sont des réactions à ce qui leur arrive. Ils ne se rendent pas compte que leurs sentiments en sont la cause.*

- *Pour changer quoi que ce soit – les circonstances entourant votre situation financière, votre santé, vos relations ou tout autre aspect de votre vie – il suffit de modifier la façon dont vous vous sentez !*

- *Le blâme, la critique, la recherche d'un coupable et les récriminations sont des formes de négativité. Elles sont toutes une importante source de dissensions.*

- *Éliminez de votre vocabulaire les mots tels que terrible, horrible, dégoûtant et affreux. Utilisez davantage de mots tels que fantastique, exceptionnel, fabuleux, génial et merveilleux.*

- *Si seulement 51 pour cent de vos pensées et émotions sont positives, vous avez atteint le point de bascule de votre vie !*

- *Chaque jour est une occasion de vivre une nouvelle vie, car vous vous tenez chaque jour sur le point de bascule de votre existence. Et vous pouvez modifier votre avenir en une seule journée – par le biais de vos sentiments.*

LE POUVOIR
ET LA CRÉATION

« Chaque moment de votre vie est infiniment créatif et l'Univers est pure abondance. Ne faites que formuler une requête suffisamment claire, et tout ce que votre cœur désire viendra à vous. »

Shakti Gawain (NÉ EN 1948)

AUTEUR

Dans les chapitres qui suivent, vous apprendrez à quel point il est facile de mettre à votre service la force de l'amour pour combler tous vos désirs en matière d'argent, de santé, de carrière, d'affaires et de relations personnelles. Fort de cette connaissance, vous serez en mesure de changer votre vie à votre guise.

Pour qu'un désir précis soit comblé, suivez les étapes simples du Processus de Création. Que vous vouliez obtenir quelque chose ou changer une situation qui vous déplaît, le processus est toujours le même.

Le Processus de Création

Imaginez. Ressentez. Recevez.

1. IMAGINEZ

Concentrez-vous et imaginez ce que vous désirez. Imaginez que vous *faites* quelque chose avec ce que vous désirez. Imaginez que vous *avez* ce que vous désirez.

2. RESSENTEZ

Simultanément, vous devez *ressentir* de l'amour pour ce que vous voyez en esprit. Vous devez imaginer et *ressentir* que vous êtes avec ce que vous désirez. Vous devez imaginer et *ressentir* que vous faites quelque chose avec ce que vous désirez. Vous devez imaginer et *ressentir* que vous avez ce que vous désirez.

Votre imagination vous relie à ce que vous voulez. Votre désir et vos sentiments d'amour créent un magnétisme, un pouvoir magnétique qui attire à vous ce que vous désirez. C'est l'aboutissement du rôle que vous jouez dans le Processus de Création.

3. RECEVEZ

La force de l'amour agira par le biais des forces visibles et invisibles de la nature pour vous donner ce que vous désirez.

Elle se servira de circonstances, d'événements et de gens pour vous donner ce que vous aimez.

Peu importe ce que vous désirez, vous devez le vouloir de tout votre cœur. Le désir *est* amour, et à moins d'abriter un désir brûlant dans votre cœur, vous n'aurez pas assez de pouvoir pour harnacher la force de l'amour. Vous devez vraiment désirer ce que vous voulez, comme un athlète désire pratiquer un sport, un danseur désire danser, et un peintre désire peindre. Vous devez désirer ce que vous voulez de tout votre cœur, car le désir est un sentiment d'amour, et vous devez donner de l'amour pour recevoir ce que vous aimez !

Peu importe ce que vous voulez être, faire ou avoir dans la vie, le Processus de Création est le même. Donnez de l'amour pour recevoir de l'amour. Imaginez. Ressentez. Recevez.

Lorsque vous utiliserez le Processus de Création, imaginez et ressentez que vous avez déjà ce que vous voulez, et ne déviez jamais de cet état d'esprit. Pourquoi ? Parce que la loi de l'attraction reproduit tout ce que vous donnez, et vous devez donc imaginer et ressentir que vous avez ce que vous voulez dès maintenant !

Si vous voulez perdre du poids, alors donnez de l'amour en imaginant et en sentant le corps dont vous rêvez au lieu d'imaginer et de sentir chaque jour que vous avez un surplus de poids. Si vous voulez voyager, alors donnez de l'amour en imaginant et en sentant que vous voyagez au lieu d'imaginer et de sentir chaque jour que vous n'avez pas assez d'argent pour parcourir le monde. Si vous voulez vous améliorer dans la pratique d'un sport, dans le domaine du théâtre, du chant, d'un instrument de musique, d'un loisir ou de votre travail, alors, donnez de l'amour à ce que vous désirez en imaginant et en sentant ce que vous aimeriez être. Si vous désirez un meilleur mariage ou une meilleure relation amoureuse, alors donnez de l'amour en imaginant et en sentant ce que ce serait d'avoir cette relation.

> *« Avoir la foi, c'est croire en ce que l'on ne voit pas; et la récompense de cette foi, c'est de voir ce que l'on croit. »*
>
> Saint Augustin d'Hippone (354-430)
> THÉOLOGIEN ET ÉVÊQUE

Lorsque vous commencerez à vous servir du Processus de Création, vous voudrez peut-être attirer à vous quelque chose d'inhabituel. En l'obtenant, vous n'aurez alors plus aucun doute sur votre pouvoir.

Une jeune femme a commencé par choisir d'attirer une fleur spécifique, un arum d'Éthiopie blanc. Elle s'est mise à s'imaginer en train de tenir cette fleur à la main, d'en humer le parfum, et elle a senti qu'elle avait cet arum d'Éthiopie. Deux semaines plus tard, elle est allée dîner chez un ami, et un bouquet de ces fleurs blanches trônait au centre de la table, des fleurs identiques à celle qu'elle avait imaginée. Elle a été excitée de voir ces fleurs, mais elle n'a rien dit. Alors qu'elle quittait la maison à la fin de la soirée, la fille de son ami a spontanément retiré une fleur blanche du vase et la lui a mise dans la main !

« L'imagination est le commencement de la création. On imagine ce que l'on désire, on veut ce que l'on imagine, et finalement on crée ce que l'on veut. »

George Bernard Shaw (1856-1950)

DRAMATURGE – PRIX NOBEL

Donnez – Recevez

Rappelez-vous que la loi de l'attraction stipule que tout ce que vous donnez, vous le recevez. Pensez à la loi de l'attraction comme à un miroir, à un écho, à un boomerang ou à un photocopieur, et vous arriverez plus facilement à imaginer et à ressentir ce que vous désirez. La loi de l'attraction est comme un miroir, car le miroir reflète exactement ce qui est devant lui. La loi de l'attraction est comme un écho, car tout ce que vous dégagez vous revient comme un écho. La loi de l'attraction est comme un boomerang, car tout ce que vous lancez vous revient comme un boomerang. La loi de l'attraction est comme un photocopieur, car tout ce que vous donnez est reproduit exactement et vous est rendu en copie conforme.

Il y a quelques années, j'étais en voyage d'affaires à Paris et je marchais dans la rue lorsqu'une femme m'a dépassée. Elle portait la plus belle jupe que je n'avais jamais vue, dans le plus pur style parisien. Ma réaction a été remplie d'amour : « Quelle belle jupe ! »

Quelques semaines plus tard, je me rendais joyeusement au travail à Melbourne, en Australie, lorsque j'ai dû m'arrêter parce qu'un automobiliste tentait de faire un demi-tour interdit à une intersection. Mon regard s'est alors posé sur la vitrine d'un magasin et j'y ai vu une jupe identique à celle que portait cette Parisienne. Je n'en croyais pas mes yeux. En arrivant au bureau, j'ai téléphoné au magasin et j'ai appris qu'il n'avait reçu d'Europe qu'une seule jupe de ce modèle, et qu'elle était dans la vitrine. Et bien entendu, cette jupe était à ma taille. Lorsque je suis allée l'acheter, son prix avait été réduit de moitié, et l'employé m'a dit que le magasin n'avait jamais commandé ce vêtement, et qu'il avait été ajouté accidentellement à sa commande !

Je n'avais fait qu'aimer cette jupe pour l'attirer à moi, et de Paris jusqu'à une rue de banlieue en Australie, par le biais des circonstances et des événements, une jupe identique m'avait été livrée. Tel est le pouvoir magnétique de l'amour ! C'est la loi de l'attraction de l'amour en pleine action.

L'imagination

« Le monde n'est qu'une toile laissée à notre imagination. »

Henry David Thoreau (1817-1862)

AUTEUR TRANSCENDANTALISTE

Lorsque vous imaginez quelque chose de positif et que vous voulez et aimez cette chose, vous harnachez la force de l'amour. Lorsque vous imaginez quelque chose de positif, quelque chose de bon, et que vous ressentez de l'amour pour cette chose, c'est ce que vous donnez – et c'est ce que vous recevrez. Si vous pouvez imaginer et ressentir quelque chose, alors vous le recevrez. Mais ce que vous imaginez doit venir de l'amour !

Ce que vous imaginez ne doit porter atteinte à personne, car cela ne viendrait pas de l'amour. Et bien entendu, toute négativité, même imaginée, est rendue avec une férocité égale à la personne qui l'a ressentie! Tout ce que vous donnez, vous le recevez en retour.

Mais je veux vous dire quelque chose de fantastique à propos de la force de l'amour et de votre imagination. Les choses les plus extraordinaires auxquelles vous pouvez penser ne sont rien si on les compare à ce que la force de l'amour peut vous donner. L'amour n'a pas de limites ! Si vous voulez déborder de vitalité et d'énergie, être habité d'une incroyable joie de vivre, la force de l'amour peut vous apporter la santé et le bonheur avec une amplitude bien supérieure à tout ce que vous n'avez jamais vu. Je vous dis ceci pour que vous puissiez commencer à faire tomber les frontières de votre imagination et cesser d'imposer des limites à votre vie. Donnez libre cours à votre imagination et dessinez en esprit ce que vous voulez sous la forme la plus extraordinaire à laquelle vous pouvez penser.

Ce qui distingue la personne qui avance avec peine dans la vie de celle qui connaît une vie fabuleuse est simple – c'est l'amour. Les gens qui ont une vie merveilleuse imaginent ce qu'ils aiment et ce qu'ils veulent et, plus que quiconque, ils *ressentent* de l'amour pour ce qu'ils imaginent ! Les gens qui avancent avec peine dans la vie utilisent involontairement leur imagination pour des choses qu'ils n'aiment pas et ne veulent pas, et ils *ressentent* de la négativité pour ce qu'ils imaginent. C'est très simple, mais cela crée une énorme différence dans la vie des gens, et il suffit de regarder autour de vous pour voir cette différence.

« Le secret de l'esprit maître se trouve dans l'utilisation de l'imagination. »

Christian D. Larson (1874-1962)

AUTEUR, ÉCOLE DE LA PENSÉE NOUVELLE

L'histoire a prouvé que ceux qui osent imaginer l'impossible sont ceux qui repoussent tout ce qui limite l'humanité. Dans toutes les branches de l'activité humaine, qu'il s'agisse de la science, de la médecine, des sports, des arts ou de la technologie, les noms des gens qui ont imaginé l'impossible sont gravés dans notre histoire. En repoussant les frontières de leur imagination, ils ont changé le monde.

Votre vie tout entière est telle que vous l'avez imaginée. Tout ce que vous avez ou n'avez pas, chaque situation ou circonstance de votre vie est telle que vous l'avez imaginée. Le problème, c'est que beaucoup de gens imaginent le pire ! Ils retournent le plus magnifique des outils contre eux-mêmes. Au lieu d'imaginer ce qu'il y a de mieux, beaucoup de gens ont peur et imaginent toutes les choses qui pourraient mal tourner. Et c'est bien entendu ce qui leur arrive. Tout ce que vous donnez, vous le recevez. Ressentez et imaginez ce qui pourrait vous arriver de mieux dans tous les domaines de votre vie, car ce que vous pouvez imaginer de plus extraordinaire est « un jeu d'enfant » pour la force de l'amour !

Lorsque ma famille s'est installée aux États-Unis, nous avons fait venir par avion notre chien âgé de 15 ans, Cabbie. Un soir, peu après son arrivée, il a trouvé le moyen de se faufiler à travers une brèche de la clôture. Des montagnes se dressent derrière notre maison, et c'était donc loin d'être une situation idéale. Et c'est dans le noir que nous avons fouillé les chemins et les sentiers menant aux montagnes, mais notre chien est demeuré introuvable.

Pendant que ma fille et moi le cherchions, des sentiments négatifs où dominait l'angoisse ont commencé à prendre le dessus dans notre esprit. Je savais qu'il nous fallait interrompre nos recherches et changer immédiatement la teneur de nos émotions. Ces sentiments négatifs nous disaient que nous imaginions le pire, et nous devions donc y remédier rapidement et imaginer une issue heureuse. Tout pouvait encore arriver, et nous devions choisir le retour de Cabbie, sain et sauf à la maison avec nous, en l'imaginant et le sentant.

Nous sommes rentrées à la maison et nous avons prétendu que notre chien était avec nous. Nous avons mis de la nourriture dans son bol comme s'il était là. Nous avons imaginé entendre le son qu'aurait fait la petite cloche attachée à son collier alors qu'il se serait engagé dans notre allée. Nous lui avons parlé et l'avons appelé par son nom, comme s'il était là. Ma fille s'est mise au lit en imaginant que celui qui avait été son meilleur ami depuis 15 ans dormait à côté de son lit comme il l'avait toujours fait.

Tôt le lendemain matin, nous avons trouvé une note épinglée sur un arbre au pied des montagnes. Quelqu'un avait trouvé un petit chien. C'était Cabbie. Et exactement comme nous l'avions imaginé, notre chien est rentré à bon port.

Peu importe la situation difficile dans laquelle vous vous trouvez, imaginez la meilleure issue possible et ressentez-la ! Ce faisant, vous influerez sur les circonstances, vous changerez la situation, et vous obtiendrez ce que vous voulez !

Tout ce que vous pouvez imaginer existe

« La création n'est que la projection matérielle de ce qui existe déjà. »

Śrīmad Bhāgavatam (9[E] SIÈCLE)
ANCIEN TEXTE HINDOU

Quel que soit le désir que vous projetiez dans votre imagination, il existe déjà ! Peu importe ce dont il s'agit, si vous pouvez l'imaginer, il existe déjà dans la création.

Il a été consigné dans des écrits vieux de 5 000 ans que toute la création était achevée, et que tout ce qui pouvait être créé existait déjà. Aujourd'hui, 5 000 ans plus tard, la physique quantique a confirmé que tout ce qui a la plus infime possibilité d'exister existe en fait *maintenant*.

« Ainsi furent achevés le ciel et la terre, et tous leurs éléments. »

Genèse 2,1

Ce que cela signifie pour vous et votre vie, c'est que tout ce que vous pouvez imaginer pour vous-même dans votre vie existe déjà. Il est impossible pour vous d'imaginer quelque chose qui n'existe pas. La création est complète. La moindre des possibilités existe. Donc, que vous imaginiez pulvériser un record du monde, voyager en Extrême-Orient, être resplendissant de santé, devenir parent, sachez que toutes ces possibilités existent dès maintenant dans la création ! Si elles n'existaient pas déjà, vous seriez incapable de les imaginer ! Pour faire passer les choses que vous désirez et aimez du monde invisible au monde visible, il suffit de donner de l'amour pour ce que vous voulez par le biais de votre imagination et de vos sentiments.

Imaginez votre vie telle que vous voulez qu'elle soit. Imaginez tout ce que vous voulez. Donnez libre cours à votre imagination chaque jour, et *imaginez* ce que serait votre vie *si* vos relations étaient toutes merveilleuses. *Imaginez* comment vous vous sentiriez *si* votre travail vous offrait soudain des perspectives extraordinaires. *Imaginez* ce que serait votre vie *si* vous aviez l'argent nécessaire pour faire ce que vous aimez. *Imaginez* comment vous vous sentiriez *si* vous étiez resplendissant de santé. *Imaginez* comment vous vous sentiriez *si* vous pouviez faire ce que vous voulez. Mettez tous vos sens à contribution pour imaginer ce que vous voulez. Si vous voulez voyager en Italie, imaginez l'odeur de l'huile d'olive, le goût des pâtes, imaginez que l'on vous parle en italien, que vous touchez les pierres du Colisée, et *sentez* que vous êtes en Italie !

Pendant vos conversations avec les autres et en pensée, dites : *« Imaginez si... »*, et puis terminez cette phrase en précisant ce que vous désirez! Si vous parlez à un ami et qu'il se lamente parce que l'un de ses collègues a eu une promotion et pas lui, aidez-le en disant : « Imagine que si tu n'as pas eu cette promotion, c'est parce qu'on te réserve un poste encore plus important et beaucoup mieux rémunéré ! » Car la vérité, c'est que la possibilité que votre ami soit promu à un poste beaucoup plus important et mieux rémunéré existe déjà, et s'il arrive à l'imaginer et à le sentir, il obtiendra cette promotion !

> *« Les atomes ou les particules élémentaires ne sont pas réels en soi; ils forment tout un monde de potentialités ou de possibilités plutôt qu'un monde de choses ou de faits. »*
>
> Werner Heisenberg (1901-1976)
> PHYSICIEN QUANTIQUE – PRIX NOBEL

Servez-vous de votre imagination et créez des jeux qui vous procureront un réel bien-être. Tout ce que vous pouvez imaginer vous attend, entièrement créé dans le monde invisible. Et pour que cela se manifeste dans le monde visible, vous devez harnacher la force de l'amour en imaginant et en sentant ce que vous aimez.

Après avoir obtenu son diplôme universitaire, une jeune femme a fait des pieds et des mains pour se trouver un emploi. Son plus grand obstacle était d'imaginer avoir un travail alors qu'elle n'en avait pas. Chaque jour, elle écrivait dans son journal qu'elle était reconnaissante pour le travail qu'elle trouverait bientôt, mais rien ne venait. Et puis elle a compris. Ses démarches désespérées qui se traduisaient par des demandes d'emploi successives disaient haut et fort à la loi de l'attraction qu'elle n'avait pas d'emploi.

Voici donc ce qu'a fait cette jeune femme, ce qui a tout changé. Elle a décidé de se servir de son imagination et de vivre comme si elle travaillait déjà. Elle a réglé son réveil très tôt comme si elle devait aller travailler. Au lieu d'écrire dans son journal qu'elle était reconnaissante pour le travail qu'elle aurait bientôt, elle a écrit qu'elle était reconnaissante pour sa réussite professionnelle et ses collègues. Elle décidait chaque jour de sa tenue vestimentaire. Elle a ouvert un compte d'épargne pour y déposer ses chèques de paie. En l'espace de deux semaines, elle s'est sentie comme si elle avait véritablement un emploi. Et puis, une occasion est soudain tombée du ciel lorsqu'un ami lui a parlé d'un poste vacant. Elle a passé une entrevue, obtenu l'emploi et reçu tout ce qu'elle avait noté dans son journal.

Donnez-vous des outils

> *« Chaque fois que vous vous permettez de penser ce que les personnes, les choses, la situation ou les circonstances peuvent suggérer, vous ne suivez pas ce que vous voulez penser. Vous ne suivez pas vos propres désirs, mais des désirs empruntés. Utilisez votre imagination pour déterminer ce que vous voulez penser ou faire. »*
>
> Christian D. Larson (1874-1962)
>
> AUTEUR, ÉCOLE DE LA PENSÉE NOUVELLE

Lorsque vous utilisez le Processus de Création, ayez recours à un maximum d'outils pour bien sentir que vous avez déjà ce que vous voulez. Entourez-vous de vêtements, d'illustrations, de photographies et d'objets qui vous aideront à imaginer et à sentir que vous avez ce que vous voulez.

Si vous voulez de nouveaux vêtements, veillez à faire de la place dans votre placard et à y suspendre des cintres vides pour votre nouvelle garde-robe. Vous voulez avoir davantage d'argent ? Votre porte-monnaie peut-il le contenir ou bien est-il rempli de papiers inutiles ? Si vous voulez le partenaire parfait, vous devez imaginer et sentir que cette personne est avec vous dès maintenant. Dormez-vous au milieu de votre lit, ou sur un côté du lit parce que votre partenaire en occupe l'autre côté ? Si vous viviez avec quelqu'un, vous n'utiliseriez que la moitié du placard, car les vêtements de votre partenaire en occuperaient l'autre moitié. Mettez-vous la table pour une ou deux personnes ? Il est facile d'y mettre un couvert supplémentaire. Faites de votre mieux pour ne pas agir à l'encontre de vos désirs dans vos activités quotidiennes, et utilisez plutôt les éléments du décor que vous avez créé pour vous sentir comme si vous aviez déjà ce que vous voulez. Ce sont là de simples petits gestes que vous pouvez faire grâce à ce décor et à votre imagination, mais ils sont incroyablement puissants.

Une femme a utilisé de tels éléments et son imagination pour recevoir un cheval. Elle avait rêvé d'en posséder un toute sa vie, mais n'avait jamais eu les moyens de se l'offrir. Elle désirait un hongre Morgan alezan, mais un Morgan coûte plusieurs milliers de dollars. Elle a donc imaginé qu'elle voyait le cheval de ses rêves chaque fois qu'elle regardait par la fenêtre de sa cuisine. Elle a installé une photo de Morgan alezan comme fond d'écran sur son ordinateur portable. Chaque fois qu'elle en avait l'occasion, elle faisait des croquis de son cheval. Elle a commencé à chercher des chevaux à vendre, même si elle n'avait pas les moyens d'en acheter un. Elle a emmené ses enfants dans un magasin et ils ont tous essayé des bottes d'équitation. Elle a regardé des selles. Elle a acheté uniquement ce qu'elle pouvait se permettre, soit une couverture, une laisse et des brosses, et elle a placé ces objets dans un endroit où elle pouvait les voir chaque jour. Quelque temps plus tard, la femme est allée dans une foire hippique qui se tenait dans sa ville. Un tirage au sort avait lieu pendant la foire et le premier prix était un hongre Morgan alezan, identique à celui qu'elle avait imaginé ! Et bien entendu, elle a gagné et reçu son cheval !

Vos sens sont aussi des outils. Utilisez-les donc tous pour vous aider à sentir que vous avez ce que vous voulez. Éprouvez la sensation de ce que vous voulez avec votre peau. Goûtez-y, voyez-le et entendez-le !

Un homme a utilisé tous ses sens pour recevoir plusieurs offres d'emploi. Il avait posé sa candidature à 75 postes sur une période de 3 ans et n'avait pas reçu une seule offre, mais il a alors mis son imagination et ses sens à contribution pour imaginer qu'il avait l'emploi de ses rêves. Il a imaginé son nouveau bureau dans les moindres détails. Il a effleuré en imagination les touches du clavier de son ordinateur. Il a senti l'odeur citronnée de l'encaustique de son immense bureau en acajou. Il a imaginé ses collègues et leur a donné un nom à chacun. Il a eu des conversations avec eux. Il a tenu des réunions avec eux. Il a même imaginé le goût des tacos qu'il mangeait avec eux pendant la pause-repas. Sept semaines plus tard, des entreprises ont commencé à le convoquer en entrevue. Ensuite, les demandes pour une seconde rencontre ont afflué. Et puis, il a reçu non pas une offre d'emploi fantastique, mais deux. Il a accepté celle qui lui plaisait le plus : il avait l'emploi de ses rêves !

Sachez que lorsque vous avez participé au Processus de Création, la création est terminée ! Vous n'êtes plus dans l'ancien monde où vous n'aviez pas ce que vous vouliez. Vous

vous êtes transporté dans un monde nouveau qui renferme exactement ce que vous voulez, même si vous ne pouvez pas encore le voir. Sachez que vous le recevrez !

LE POUVOIR EN BREF

- *Pour harnacher la force de l'amour de manière à attirer dans votre vie une chose que vous voulez ou changer quelque chose que vous ne voulez pas, le Processus de Création est toujours le même : Imaginez. Ressentez. Recevez.*

- *Votre imagination vous lie à ce que vous voulez. Ce désir et vos sentiments d'amour créent un magnétisme, et c'est ce pouvoir magnétique qui attirera à vous la manifestation concrète de ce que vous voulez !*

- *Imaginez que vous avez déjà ce que vous désirez. En même temps, ressentez de l'amour pour ce que vous imaginez.*

- *Vous devez désirer ce que vous voulez de tout votre cœur, car le désir est un sentiment d'amour, et vous devez donner de l'amour pour recevoir ce que vous aimez !*

- *Lorsque vous imaginez quelque chose de positif et que vous voulez et aimez cette chose, vous harnachez la force de l'amour. Laissez aller votre imagination. Imaginez ce que vous désirez sous sa forme la plus belle.*

- *Quel que soit le désir que vous projetiez dans votre imagination, il existe déjà ! Peu importe ce dont il s'agit, si vous pouvez l'imaginer, il existe déjà dans la création.*

- *Pendant vos conversations avec les autres et en pensée, dites : « Imaginez si... », et puis terminez cette phrase en précisant ce que vous désirez !*

- *Donnez-vous des outils. Entourez-vous de vêtements, d'illustrations, de photographies et d'objets qui vous aideront à imaginer et à sentir que vous avez ce que vous voulez.*

- *Vos sens sont aussi des outils. Utilisez-les donc tous pour vous aider à sentir que vous avez ce que vous voulez. Ressentez-le, goûtez-y, voyez-le et entendez-le !*

- *Après avoir participé au Processus de Création, vous serez transporté dans un monde nouveau qui renferme exactement ce que vous voulez, même si vous ne pouvez pas encore le voir. Sachez que vous le recevrez !*

LES SENTIMENTS
SONT CRÉATION

« Chaque fois qu'un sentiment entre en conflit avec un désir, c'est le sentiment qui l'emporte. »

Neville Goddard (1905-1972)

AUTEUR, ÉCOLE DE LA PENSÉE NOUVELLE

Les champs magnétiques des sentiments

Je veux que vous compreniez ce qui vous arrive lorsque vous donnez de l'amour par le biais de bons sentiments, car c'est vraiment magnifique. Vos sentiments créent un champ magnétique qui vous enveloppe complètement. Chaque personne est entourée par un champ magnétique, et où qu'elle aille, ce champ magnétique la suit. Vous avez peut-être déjà vu des photos anciennes sur lesquelles apparaît une aura ou un halo tout autour du sujet. Eh bien, cette aura qui entoure toute personne est en fait un champ électromagnétique, et c'est grâce au magnétisme de ce champ qui vous entoure que vous attirez tout dans votre vie. Et ce sont vos sentiments qui déterminent en tout temps si votre champ magnétique est positif ou négatif !

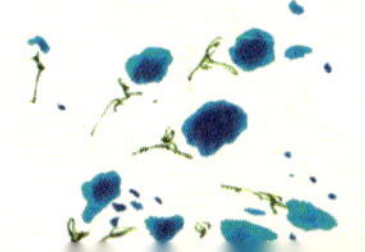

Chaque fois que vous donnez de l'amour par le biais de vos sentiments, de vos paroles ou de vos gestes, vous injectez de l'amour dans le champ qui vous entoure. Plus vous donnez d'amour, plus grand et plus fort est votre champ magnétique. Tout ce qui s'y trouve est attiré par lui-même et, par conséquent, plus il s'y trouve d'amour, plus vous avez de pouvoir pour attirer les choses que vous aimez. Il est possible de rendre ce champ magnétique tellement positif et fort qu'une pensée et un sentiment fugitifs pourront, en un rien de temps, attirer ce que vous souhaitez dans votre vie. Tel est l'incroyable pouvoir que vous détenez. Et c'est le pouvoir phénoménal de la force de l'amour !

« Vous exercez une domination sur toute la création par votre habileté à penser et à sentir. »

Neville Goddard (1905-1972)

AUTEUR, ÉCOLE DE LA PENSÉE NOUVELLE

Je veux vous faire part d'une chose toute simple qui s'est passée dans ma vie afin de démontrer à quel point l'amour agit rapidement. J'adore les fleurs et je veille à en acheter chaque semaine, car elles me rendent heureuse. Habituellement, j'achète mes fleurs au marché fermier, mais il pleuvait cette semaine-là, et il n'y a pas eu de marché, et donc pas de fleurs. J'ai réagi en me disant que c'était une très bonne chose puisque cela me ferait les apprécier et les aimer davantage la semaine suivante. Au lieu de me sentir déçue, j'ai choisi de ressentir de l'amour, et j'ai donc injecté l'amour des fleurs dans mon champ magnétique.

Moins de deux heures plus tard, un livreur m'apportait un énorme vase rempli de fleurs. De l'autre côté de la planète, ma sœur m'avait expédié le plus beau bouquet que je n'avais jamais vu pour me remercier d'un service que je lui avais rendu. Lorsque vous pouvez donner de l'amour, quelles que soient les circonstances, ces circonstances se doivent de changer !

Vous êtes maintenant en mesure de comprendre pourquoi il est si important de choisir l'amour, car chaque fois que vous donnez de l'amour, vous augmentez et multipliez l'amour qui se trouve dans le champ magnétique qui vous entoure. Plus vous donnez d'amour dans votre vie quotidienne, plus grand sera le pouvoir de l'amour qui se trouve dans le champ magnétique qui vous entoure, et tout ce que vous désirez sera déposé à vos pieds.

Voilà la magie que sera votre vie lorsque vous donnerez de l'amour. Ma vie n'a pas toujours été aussi magique qu'aujourd'hui. Ma vie était généralement caractérisée par une succession de luttes et de difficultés, mais j'ai découvert une chose fantastique à propos de la vie, et je le partage ici avec vous. Rien n'est trop grand pour la force de l'amour. Il n'y a pas de distance qui soit trop longue, pas d'obstacle qui soit insurmontable; le temps ne peut se placer sur son chemin. Vous pouvez tout changer dans votre vie en mettant à votre service le plus grand pouvoir de l'univers. Il suffit de donner de l'amour !

Le point de création

Vous avez peut-être tendance à penser que vous en voulez trop, mais vous faites erreur. Lorsque vous pensez que quelque chose est vraiment hors de proportion, vous dites effectivement à la loi de l'attraction : « Ce que je veux est tellement démesuré que ce sera difficile à obtenir, et cela prendra probablement beaucoup de temps. » Et vous aurez raison, puisque ce que vous pensez et ressentez est ce que vous obtiendrez. Si vous croyez que votre désir est hors d'atteinte, vous créerez des difficultés et repousserez sa concrétisation. Mais il n'y a rien de grand ou de petit pour la loi de l'attraction, et le concept de temps n'existe pas pour elle.

Pour vous aider à mieux comprendre le processus de création, peu importe la proportion qu'a votre désir à vos yeux, voyez-le comme s'il avait la taille d'un point ! Vous voulez peut-être une maison, une voiture, des vacances, de l'argent, le partenaire idéal, l'emploi de vos rêves ou des enfants. Vous voulez peut-être jouir d'une santé parfaite. Vous voulez peut-être réussir à des examens, être accepté à l'université, pulvériser un record mondial, devenir président, un acteur célèbre, avocat, écrivain ou professeur. Peu importe ce que vous désirez, pensez-y comme si ce n'était pas plus gros qu'un point, car pour la force de l'amour, ce que vous voulez est *plus petit* qu'un point !

« Nos doutes sont des traîtres et nous privent de ce que nous pourrions souvent gagner de bon. »

William Shakespeare (1564-1616)

DRAMATURGE ANGLAIS

Si vous sentez que votre foi vacille, dessinez un point au centre d'un grand cercle et inscrivez ce que vous désirez à côté du point. Regardez ce dessin aussi souvent que vous le voulez, et dites-vous que votre désir est de la taille de ce point pour la force de l'amour !

Comment changer un aspect négatif

S'il y a un aspect négatif dans votre vie et que vous voulez le changer, le processus est le même : donnez de l'amour en imaginant et en sentant que vous avez ce que vous voulez. Rappelez-vous que tout aspect négatif résulte d'un manque d'amour et que vous devez imaginer l'opposé de cette situation négative, car son contraire est l'amour ! Par exemple, si vous souffrez d'une maladie et que vous voulez en être débarrassé, donnez de l'amour pour que votre corps soit sain.

Si vous utilisez le Processus de Création pour changer quelque chose de négatif, sachez qu'il n'est pas nécessaire que vous transformiez le négatif en positif. Cela vous apparaîtrait extrêmement difficile et, de toute manière, ce n'est pas ainsi que fonctionne la création. La création entraîne l'apparition de quelque chose de *nouveau* – qui remplace automatiquement ce qui existait auparavant. Il n'est pas nécessaire que vous pensiez à ce que vous voulez changer. Il suffit de donner de l'amour en pensant à ce que vous voulez, et la force de l'amour fera le travail à votre place en remplaçant la négativité.

Si une personne est blessée et reçoit des soins médicaux, mais que son état ne s'améliore pas, cela signifie qu'elle imagine et sent sa blessure plus qu'elle n'imagine et sent sa guérison complète. Pour faire pencher la balance du côté de la guérison, elle doit imaginer et sentir qu'elle est complètement guérie, et n'accorder que *peu* d'attention au fait qu'elle est blessée. Si vous pouvez imaginer une guérison complète, cela signifie qu'elle existe déjà ! Imprégnez votre champ magnétique de bons sentiments à propos de tout ce qui vous procure du bien-être. Donnez davantage d'amour dans tous les domaines de votre vie. Sentez-vous le mieux possible, car chaque instant où vous donnerez de l'amour vous rapprochera de la guérison complète.

« Vos sentiments sont votre dieu. »

Chanakya (350-275 AV. J.-C.)
POLITICIEN ET ÉCRIVAIN INDIEN

Que vous souhaitiez changer votre santé, votre situation financière, vos relations ou quoi que ce soit d'autre, le processus est le même! Imaginez ce que vous voulez. Imaginez et sentez l'amour que vous éprouveriez si vous l'aviez. Imaginez toutes les scènes et les situations qui deviendraient possibles si vous aviez ce que vous voulez, et sentez que cela se produit maintenant. Essayez de consacrer chaque jour sept minutes à imaginer et à sentir que vous avez ce que vous voulez. Faites-le chaque jour jusqu'à ce que vous vous sentiez comme si votre désir s'était concrétisé. Faites-le jusqu'à ce que vous sachiez que ce désir vous appartient, tout comme vous savez que votre nom vous appartient. Pour certaines choses, vous y arriverez en seulement un jour ou deux. Pour d'autres, cela pourra être plus long. Dans ce cas, ne changez rien à votre vie et éprouvez autant d'amour et de bons sentiments que possible, *car plus vous donnez d'amour, plus rapidement vous recevrez ce que vous désirez.*

Après avoir imaginé et senti ce que vous voulez, vous vous retrouverez littéralement dans un autre monde avec ce que vous avez imaginé. Donc, ne contredisez pas ce nouveau monde en parlant d'une blessure qui ne guérit pas, car alors vous imaginez une fois de plus le pire, et vous retournez dans l'ancien monde. Si vous imaginez le pire, c'est ce que vous recevrez. En imaginant ce qu'il y a de mieux, c'est ce que vous recevrez. Si quelqu'un vous demande comment vous allez, vous pouvez dire : « Je me *sens* de nouveau en pleine forme et mon corps l'est aussi. » Vous pouvez dire : « Cette blessure a été une bénédiction, car elle me fait apprécier mon corps et ma santé plus que je ne l'avais jamais fait dans ma vie. » Et si vous avez beaucoup d'audace, vous pouvez dire : « Je tiens ma guérison complète par les cornes. »

On ne peut parler de quelque chose que l'on ne veut pas sans se sentir mal. C'est aussi simple que ça, mais les gens ont tellement l'habitude de ne pas se sentir bien la plupart du temps qu'ils ne remarquent même pas à quel point ils se sentent mal lorsqu'ils imaginent ce qu'ils ne veulent pas et en parlent. Lorsque vous deviendrez plus conscient de la façon dont vous vous sentez, et que vous prêterez davantage attention à vos sentiments, vous en viendrez à ne plus supporter la moindre chute d'intensité de vos bons sentiments. Vous deviendrez tellement habitué à vous sentir bien, vous serez si conscient de vos sentiments, que vous décèlerez la moindre altération et ferez en sorte de retrouver immédiatement une sensation de bien-être. Vous êtes censé vous sentir bien et heureux la plupart du temps, parce que vous êtes destiné à avoir une vie exceptionnelle, et il n'y a pas d'autre moyen de la recevoir !

> *« J'ai appris d'expérience que le bonheur ou la tristesse tiennent, avant tout, à notre état d'esprit et non aux circonstances de la vie. »*
>
> Martha Washington (1732-1802)
>
> PREMIÈRE DAME, ÉPOUSE DE GEORGE WASHINGTON PREMIER PRÉSIDENT DES ÉTATS-UNIS

Comment éliminer les mauvais sentiments

Vous pouvez tout changer dans votre vie en changeant la façon dont vous vous sentez. Lorsque vous changez la façon dont vous vous sentez à propos d'un aspect de votre vie, celui-ci se doit de changer ! Mais pour ce faire, ne tentez pas de vous débarrasser de vos mauvais sentiments, car ils ne sont qu'un manque d'amour. Au lieu de quoi, mettez-y de l'amour ! Ne tentez pas de vous débarrasser de la colère ou de la tristesse ; la colère et la tristesse disparaissent lorsqu'on y met de l'amour. Il n'y a rien à déloger en vous. Lorsque vous mettez de l'amour en vous, tous les mauvais sentiments s'évanouissent.

Il n'y a qu'une seule force dans la vie et c'est la force de l'amour. Soit vous vous sentez bien parce que vous êtes rempli d'amour, soit vous vous sentez mal parce qu'il n'y a pas d'amour en vous. Tous vos sentiments sont des degrés d'amour.

Pensez à l'amour comme si c'était de l'eau dans un verre et comme si le verre était votre corps. Lorsque le verre ne contient qu'un petit peu d'eau, c'est qu'il est vide. Vous ne pouvez pas changer le niveau d'eau dans le verre en faisant la guerre au vide et en l'extirpant du verre. Le vide disparaîtra

si vous remplissez le verre avec de l'eau. Lorsque de mauvais sentiments vous habitent, c'est que vous êtes vide d'amour. Si vous injectez de l'amour en vous, ces mauvais sentiments disparaîtront.

Ne résistez pas aux mauvais sentiments

Tout a la place qui lui revient dans la vie, incluant les mauvais sentiments. Sans mauvais sentiments, vous ne sauriez jamais ce que c'est que de vous sentir bien. Vous seriez toujours habité du même sentiment neutre, car vous n'auriez rien à quoi le comparer. Vous ne sauriez pas ce que c'est que d'être vraiment heureux, excité ou joyeux. C'est en éprouvant de la tristesse que l'on sait à quel point il est agréable d'être heureux. On ne peut éliminer les mauvais sentiments de la vie, car ils en font partie et que, sans eux, nous n'aurions pas de bons sentiments !

Si vous vous sentez mal parce que vous éprouvez de mauvais sentiments, vous leur donnez davantage de pouvoir. Non seulement s'intensifieront-ils, mais vous augmenterez également la négativité que vous dégagez. Vous comprenez maintenant que les mauvais sentiments ne vous apportent pas la vie que vous souhaitez, et vous serez plus vigilant et ne les laisserez pas prendre le dessus. Vous êtes responsable de vos sentiments, et si vous sentez qu'un mauvais sentiment vous submerge, vous détendre est une bonne façon de le priver de son énergie !

« Il existe un monde intérieur – un monde de pensées et de sentiments et de pouvoir; de lumière et de beauté, et bien qu'invisible, ses forces sont formidables. »

Charles Haanel (1866-1949)

AUTEUR, ÉCOLE DE LA PENSÉE NOUVELLE

La vie est censée être amusante ! Lorsque vous avez du plaisir, vous vous sentez merveilleusement bien et vous recevez de grandes choses ! Lorsque vous prenez la vie trop au sérieux, vous recevez des choses sérieuses. Avoir du plaisir vous apporte la vie que vous voulez, et prendre les choses trop au sérieux vous apporte une vie que vous prenez au sérieux. Vous avez le pouvoir d'exercer un contrôle sur votre vie, et vous pouvez vous en servir pour la modeler comme vous l'entendez, mais pour l'amour de vous, détendez-vous !

Pour me détendre lorsque j'éprouve de mauvais sentiments, j'imagine qu'ils sont comme des chevaux sauvages. Il y a un cheval en colère, un cheval plein de ressentiment, un cheval qui fait des reproches, un cheval qui boude, un cheval grincheux, un cheval grognon, un cheval irritable – tous les mauvais sentiments y passent ; il y a une écurie pleine de chevaux qui se sentent mal. Si j'éprouve de la déception devant quelque chose qui s'est produit, je me dis alors : « Pourquoi es-tu montée sur le cheval déçu ? Descends immédiatement, parce qu'il se dirige vers encore plus de déception et tu ne veux pas aller là où il va. » Donc, j'imagine que les mauvais sentiments sont comme des chevaux sauvages sur lesquels je monte, et si j'y monte, je peux également en descendre. Je ne vois pas les mauvais sentiments comme m'appartenant en propre ou appartenant à quelqu'un d'autre, parce que ce n'est pas la vérité. Les mauvais sentiments sont quelque chose que vous vous êtes permis de ressentir, et vous pouvez choisir de descendre de ce cheval aussi rapidement que vous y êtes monté.

Si vous pensez aux mauvais sentiments comme à des chevaux sauvages sur lesquels vous êtes monté, c'est là une façon de leur retirer tout pouvoir! Si quelqu'un dans votre entourage est grincheux, ses mauvais sentiments auront beaucoup moins le pouvoir de vous toucher si vous imaginez que cette personne est montée sur un cheval grincheux. Vous n'en ferez pas une affaire personnelle. Mais si vous vous sentez piqué au vif, alors c'est que *vous* êtes vous aussi monté sur ce cheval grincheux!

« Réponds intelligemment même quand on te traite inintelligemment. »

Lao-Tseu (VERS LE 6[E] SIÈCLE AV. J.-C.)

FONDATEUR DU TAOÏSME

Il en va de même avec tout ce que je ne désire pas dans la vie. Je me sers de mon imagination pour m'amuser et priver de pouvoir ce que je ne veux pas. M'observer moi-même ou d'autres personnes sur des chevaux sauvages dans diverses situations de la vie me fait parfois rire, et lorsque vous pouvez vous débarrasser d'un mauvais sentiment en riant de vous-même, c'est vraiment quelque chose ! Vous venez de changer votre vie.

Donc, si vous vous sentez mal, ne donnez pas davantage de pouvoir à ce mauvais sentiment en vous culpabilisant. Si vous le faites, vous cravachez le cheval sauvage et le mettez dans un état de plus grande négativité. L'idée n'est pas de détester les mauvais sentiments, mais de choisir délibérément d'éprouver de bons sentiments, et de les choisir plus souvent. Lorsque vous opposez de la résistance à vos mauvais sentiments, ils s'intensifient! Plus vous n'en voulez pas, plus vous les nourrissez. Donc, ne vous souciez pas des mauvais sentiments lorsqu'ils se manifestent. En ne leur opposant aucune résistance, vous leur enlevez tout pouvoir.

LE POUVOIR EN BREF

- *Chaque personne est entourée par un champ magnétique, et où qu'elle aille, ce champ magnétique la suit.*

- *C'est grâce au magnétisme de ce champ qui vous entoure que vous attirez tout dans votre vie. Et ce sont vos sentiments qui déterminent en tout temps si votre champ magnétique est positif ou négatif!*

- *Chaque fois que vous donnez de l'amour par le biais de vos sentiments, de vos paroles ou de vos gestes, vous injectez de l'amour dans le champ qui vous entoure.*

- *Plus il se trouve d'amour dans votre champ magnétique, plus vous avez de pouvoir pour attirer les choses que vous aimez.*

- *Imaginez que ce que vous voulez n'est pas plus gros qu'un point, car pour la force de l'amour, ce que vous voulez est plus petit qu'un point!*

- *Il n'est pas nécessaire que vous transformiez le négatif en positif. Il suffit de donner de l'amour pour ce que vous voulez, et la force de l'amour fera le travail à votre place en remplaçant la négativité.*

- *Consacrez chaque jour sept minutes à imaginer et à sentir que vous avez ce que vous voulez. Faites-le jusqu'à ce que vous sachiez que ce désir vous appartient, tout comme vous savez que votre nom vous appartient.*

- *Il n'y a qu'une seule force dans la vie et c'est la force de l'amour. Soit vous vous sentez bien parce que vous êtes rempli d'amour, soit vous vous sentez mal parce qu'il n'y a pas d'amour en vous. Tous vos sentiments sont des degrés d'amour.*

- *Pour me détendre lorsque j'éprouve de mauvais sentiments, j'imagine qu'ils sont comme des chevaux sauvages. Si vous y montez, vous pouvez également en descendre! Vous pouvez choisir de descendre de ce cheval aussi rapidement que vous y êtes monté.*

- *Changez ce que vous donnez et vous changerez toujours, sans exception, ce que vous recevez, car c'est ce que stipule la loi de l'attraction. C'est la loi de l'amour.*

LA VIE VOUS SUIT...

« Le destin n'est pas une question de chance. C'est une question de choix. »

William Jennings Bryan (1860-1925)
LEADER POLITIQUE AMÉRICAIN

La vie vous *suit*. Absolument tout ce dont vous faites l'expérience dans votre vie est le résultat de ce que vous avez donné par le biais de vos pensées et de vos sentiments, consciemment ou non. La vie n'est pas quelque chose qui vous *arrive*. . . la vie vous *suit*. Votre destin est entre vos mains. Tout ce que vous pensez, tout ce que vous ressentez, décidera de votre vie.

Tout ce qui vous est offert dans la vie vous est présenté pour que vous choisissiez ce que *vous* aimez ! La vie est un catalogue, et c'est vous qui y puisez ce que vous aimez ! Mais choisissez-vous vraiment les choses qui vous plaisent ou êtes-vous trop occupé à juger ce qui vous déplaît et à y coller une étiquette ? Si votre vie est loin d'être merveilleuse, c'est que vous avez par inadvertance collé une étiquette à toutes les mauvaises choses. Vous leur avez permis de vous distraire et vous avez perdu de vue votre but dans la vie. Car ce but est d'aimer ! Le but de votre vie est la joie ! Le but de votre vie est de choisir les choses qui vous plaisent et de vous détourner de celles qui ne vous plaisent pas.

Choisissez ce que vous aimez

Lorsque vous voyez la voiture de vos rêves filer à toute allure sur la route, c'est que la vie vous présente cette voiture ! Ce que vous ressentez en la voyant est d'une importance capitale, car si vous choisissez de ne ressentir que de l'amour pour cette voiture, vous l'attirerez à vous. Mais si vous ressentez de l'envie ou de la jalousie parce que quelqu'un d'autre la possède, vous venez de faire sonner le glas, car vous ne l'aurez jamais. La vie vous a présenté cette voiture afin que vous fassiez un choix. Et c'est en ressentant de l'amour que vous choisirez cette voiture. Comprenez-vous que cela n'a pas d'importance si quelqu'un d'autre possède une chose que vous n'avez pas? La vie vous présente tout, et si vous ressentez de l'amour pour ce qu'elle vous offre, vous l'attirerez à vous.

Lorsque vous voyez un couple heureux et éperdument amoureux, et que vous voulez désespérément partager votre vie avec quelqu'un, sachez que la vie vous présente ce couple afin que vous fassiez un choix. Mais si vous vous sentez triste et solitaire en le voyant, vous ne faites que dégager de la négativité, et vous dites en fait : « Je veux être triste et solitaire. » Vous devez éprouver de l'amour pour ce que vous désirez. Si vous avez un surplus de poids et que vous croisez quelqu'un qui a un corps parfait, comment vous sentez-vous ? La vie vous présente ce corps superbe afin que vous fassiez un choix, et si vous vous sentez mal en le voyant, vous dites en fait : « Je ne veux pas un corps comme celui-là, je veux garder mon surplus de poids. » Si vous luttez contre une maladie et que vous êtes entouré de gens en bonne santé, comment vous sentez-vous ? La vie vous présente des gens en bonne santé afin que vous puissiez faire un choix, et si vous choisissez d'éprouver davantage d'amour pour leur santé que de mauvais sentiments à propos de votre maladie, vous choisissez alors la santé pour vous-même.

Lorsque vous vous sentez bien à propos d'une chose que quelqu'un d'autre possède, vous attirez cette chose à vous. Lorsque vous vous sentez bien devant la réussite d'une autre personne, son bonheur, ou toutes les bonnes choses qu'elle possède, vous choisissez ces choses dans le catalogue de la vie, et vous les attirez à vous.

Si vous faites la connaissance d'une personne qui a des qualités que vous aimeriez avoir, aimez ces qualités et sentez-vous bien en songeant que cette personne les possède, et vous attirerez ces qualités à vous. Si quelqu'un est intelligent, beau ou talentueux, aimez ces qualités et choisissez de les posséder *vous* aussi !

Si vous voulez avoir des enfants et que vous essayez en vain depuis longtemps, donnez de l'amour et sentez-vous bien chaque fois que vous voyez un père ou une mère avec son enfant ! Si vous vous sentez déprimé lorsque vous voyez des enfants parce que vous n'en avez pas, alors vous repoussez et rejetez les enfants de votre vie. La vie vous présente des enfants afin que vous fassiez un choix.

Lorsque vous pratiquez un sport et que votre adversaire gagne, lorsqu'un collègue vous dit qu'il a eu une augmentation, lorsque quelqu'un gagne à la loterie, lorsqu'un ami vous dit que son épouse lui a fait une surprise en lui offrant un week-end d'évasion, qu'ils viennent d'acheter une magnifique maison neuve ou que leur enfant a remporté une bourse d'études, vous devriez être aussi excité qu'eux. Vous devriez être aussi enthousiaste et heureux que si tout cela vous était arrivé à vous, car lorsque vous dites oui à toutes ces choses, vous donnez alors de l'amour et vous les attirez à vous !

Lorsque vous voyez la voiture de vos rêves, un couple heureux, un corps parfait, des enfants, de grandes qualités chez quelqu'un, ou quoi que ce soit que vous désiriez, cela signifie que vous êtes sur la même fréquence que ces choses ! Soyez excité, car votre excitation vous fait les choisir.

Tout dans la vie se présente à vous afin que vous choisissiez ce que vous aimez et rejetiez ce que vous n'aimez pas, mais seul l'amour peut vous apporter ce que vous voulez. Le catalogue de la vie renferme beaucoup de choses que vous n'aimez pas, alors ne les choisissez pas en éprouvant de mauvais sentiments à leur égard. Jugez une autre personne et pensez qu'elle est mauvaise, et vous attirerez de la négativité à vous. Éprouvez de l'envie ou de la jalousie devant ce qu'une autre personne possède, et vous attirerez de la négativité et repousserez cette chose que vous désirez avec une force formidable. Seul l'amour peut vous apporter ce que vous voulez!

> *« Voici le miracle qui se reproduit chaque fois pour ceux qui aiment vraiment; plus ils donnent; plus ils sont riches. »*
>
> Rainer Maria Rilke (1875-1926)
>
> ÉCRIVAIN ET POÈTE

La loi du « un » – vous !

Il existe une formule simple que vous pouvez utiliser dans le cadre de la loi de l'attraction et qui vous sera utile avec toute personne, situation et circonstance. En ce qui concerne la loi de l'attraction, il n'y a qu'une seule personne dans le monde – vous ! Il n'y a personne d'autre, et rien d'autre, pour la loi de l'attraction. Il n'y a que vous, car la loi de l'attraction agit en fonction de *vos* sentiments ! C'est uniquement ce que *vous* donnez qui compte. Et il en va de même pour tout le monde ! Et donc, en vérité, la loi de l'attraction est la loi du *vous*. Il n'y a que vous, et il n'y a personne d'autre. Pour la loi de l'attraction, l'autre personne est vous, et cette autre personne encore est vous, et toutes ces autres personnes sont vous, car tout ce que vous ressentez envers les autres, vous l'attirez à *vous*.

Ce que vous ressentez envers une autre personne, ce que vous pensez ou dites d'une autre personne, ce que vous faites à une autre personne – c'est à vous que vous le faites. Jugez et critiquez, et cela vous reviendra. Donnez de l'amour et de l'appréciation à une autre personne ou à quelque chose, et c'est à vous que vous les donnerez. Il n'y a rien d'autre pour la loi de l'attraction, et c'est pourquoi cela ne fait aucune différence si quelqu'un possède ce que vous désirez, car lorsque vous ressentez de l'amour pour cette chose, vous l'incluez dans *votre* vie ! Et si vous n'aimez pas quelque chose, détournez-vous-en tout simplement sans porter de jugement, et ainsi vous ne l'inclurez pas dans votre vie.

Il n'y a que le « oui » qui compte pour la loi de l'attraction

Détournez-vous des choses qui ne vous plaisent pas et ne leur accordez aucun sentiment. Ne dites pas non aux choses que vous n'aimez pas, car ce serait les attirer à vous. Lorsque vous dites non à ce que vous n'aimez pas, vous vous sentez mal, vous éprouvez de mauvais sentiments, et ces derniers vous reviendront sous la forme de circonstances négatives dans votre vie.

Vous ne pouvez pas dire non à tout, parce que lorsque vous dites : « Non, je ne veux pas cela », vous dites *oui* à la loi de l'attraction. Lorsque vous dites : « Les routes sont terriblement encombrées », « Le service est vraiment mauvais », « Ils sont toujours en retard », « C'est tellement bruyant ici », « Cet automobiliste est cinglé », « Cela fait trop longtemps que j'attends », vous dites *oui* à ces circonstances et vous les incluez en plus grand nombre encore dans votre vie.

Détournez-vous de ces choses que vous n'aimez pas et n'éprouvez aucun sentiment à leur égard. Elles sont très bien comme ça, mais elles n'ont pas leur place dans votre vie.

« Je ne dis pas ce qu'il ne faut pas dire – je ne vois pas ce qu'il ne faut pas voir – je n'entends pas ce qu'il ne faut pas entendre. »

Les trois singes de la sagesse, Sanctuaire de Tōshōgū au Japon
(17E SIÈCLE)

Dites plutôt *oui* lorsque vous voyez quelque chose que vous aimez. Dites *oui* lorsque vous entendez quelque chose que vous aimez. Dites *oui* lorsque vous goûtez à quelque chose que vous aimez. Dites *oui* lorsque vous sentez quelque chose que vous aimez. Dites *oui* lorsque vous touchez quelque chose que vous aimez. Peu importe si vous possédez ou non cette chose, dites-lui *oui*, car vous la choisissez alors en donnant de l'amour.

Il n'y a pas de limites, et tout est possible si vous le voulez vraiment, si vous le désirez vraiment. Il n'y a pas de pénurie dans l'univers. Lorsque les gens pensent qu'il manque quelque chose, c'est tout simplement à cause d'un manque d'amour. Tout existe en abondance : la santé, l'argent, les ressources et le bonheur. Les réserves sont égales à la demande. Donnez de l'amour, et vous recevrez!

Votre vie – votre histoire

Vous créez l'histoire de votre vie. Donc, quelle histoire racontez-vous à votre sujet ? Croyez-vous qu'il y a des choses que vous pouvez faire et d'autres que vous ne pouvez pas faire ? Est-ce l'histoire que vous racontez? Parce que cette histoire n'est pas vraie.

N'écoutez pas si quelqu'un vous dit que vous n'êtes rien comparé aux autres. N'écoutez pas si quelqu'un vous dit que vous n'êtes pas à la hauteur. N'écoutez pas si quelqu'un vous dit que vous ne pouvez pas faire ce que vous aimez et gagner votre vie avec votre passion. N'écoutez pas si quelqu'un vous dit que vous n'arrivez pas à la cheville des plus grands de ce monde. N'écoutez pas si quelqu'un vous dit que vous n'êtes pas assez bon maintenant et que vous devrez faire vos preuves dans la vie. N'écoutez pas si quelqu'un vous dit que vous ne pouvez pas avoir, faire ou être ce que vous aimez. Si vous croyez cela, vous vous limitez, mais ce qui est plus important encore, c'est que tout cela n'est pas vrai ! Il n'y a rien qui ne soit trop beau pour vous, ni trop beau pour être vrai.

La force de l'amour stipule : « Ce que vous donnez, vous le recevez en retour. » Cela veut-il dire que vous n'êtes pas assez bon ? La force de l'amour stipule : « Donnez de l'amour à l'égard de tout ce que vous voulez être, faire ou avoir, et vous le recevrez. » Cela veut-il dire que vous n'êtes pas assez bon ? Vous méritez tout ce que vous désirez tel que vous êtes. Vous *êtes* assez bon maintenant. Si vous sentez que vous avez fait quelque chose de mal, sachez que le fait de vous en *rendre compte* et de l'*accepter* est une absolution pour la loi de l'attraction.

Le monde réel

> *« Au commencement, il n'y avait que des probabilités. L'univers ne pouvait voir le jour qu'en présence d'observateurs. Ça ne fait rien si ces observateurs ne se sont manifestés que plusieurs milliards d'années plus tard. L'univers existe parce que nous en sommes conscients. »*
>
> Martin Rees (NÉ EN 1942)
>
> ASTROPHYSICIEN

Je veux vous emmener dans les coulisses du monde que vous voyez, car une grande partie de ce que vous pouvez observer n'est pas aussi réelle que vous le croyez peut-être. Quelques pas audacieux dans l'invisible changeront votre perception du monde et vous affranchiront pour vous permettre de recevoir une vie illimitée.

La majorité des croyances que vous avez peut-être actuellement à propos du monde sont fausses. Vous êtes beaucoup plus que ce que vous croyez. La vie et l'univers sont beaucoup plus que ce que vous croyez. Vous pensez peut-être que l'univers est composé d'un nombre limité de choses. Vous croyez peut-être qu'il renferme une quantité limitée d'argent, de santé et de ressources, mais ce n'est pas vrai. Il n'y manque rien. La physique quantique nous dit qu'il existe une infinité de planètes Terre et une infinité d'univers,

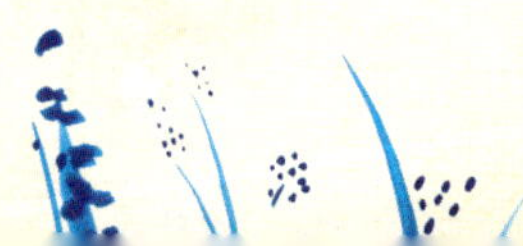

et que nous nous transportons d'une réalité à l'autre chaque fraction de seconde. Tel est le monde réel que nous révèle la science.

> *« Dans notre univers, nous sommes en synchronisme avec la fréquence qui correspond à la réalité physique. Mais il y a une infinité de réalités parallèles qui coexistent dans la même dimension que nous, mais nous sommes incapables de les percevoir. »*
>
> Steven Weinberg (NÉ EN 1933)
> PHYSICIEN QUANTIQUE – PRIX NOBEL

Vous croyez peut-être que le temps est compté dans le monde réel, et à cause de cette croyance, votre existence ressemble peut-être à une course contre la montre. Mais le grand scientifique Albert Einstein nous dit que le temps est une illusion.

> *« La distinction entre passé, présent et futur est une illusion, malgré tout persistante. »*
>
> Albert Einstein (1879-1955)
> PHYSICIEN – PRIX NOBEL

Vous croyez peut-être que le monde réel est constitué de choses vivantes et de choses mortes. Mais dans l'univers, *tout* est vivant et *rien* n'est mort. Les étoiles, le soleil, les planètes, la terre, l'air, l'eau, le feu et tout ce que vous pouvez voir grouille de vie. C'est le monde réel qui se révèle.

> *« L'arbre est capable de sentir notre amour et d'y répondre. Mais sa réponse ou sa manifestation du plaisir échappe à notre entendement. »*
>
> Prentice Mulford (1834-1891)
>
> AUTEUR, ÉCOLE DE LA PENSÉE NOUVELLE

Vous croyez peut-être que le monde réel est tout ce que vous pouvez voir et que tout ce que vous ne pouvez pas voir n'est pas réel. Et pourtant, la couleur que vous voyez lorsque vous contemplez quelque chose *n'est pas* sa véritable couleur. Chaque chose absorbe toutes les couleurs qui la composent vraiment et réfléchit la couleur qui n'est pas la sienne, et c'est cette couleur que vous voyez. Donc, le ciel est en fait de toutes les couleurs *sauf* bleu !

Il y a de nombreux sons que vous ne pouvez pas entendre parce que leurs fréquences sont imperceptibles pour l'ouïe humaine, mais ils n'en sont pas moins réels. Vous ne pouvez pas voir les rayons ultraviolets ou infrarouges, parce que leurs fréquences ne peuvent être captées par l'œil humain, mais ils n'en sont pas moins réels. Imaginez que toutes les fréquences de la lumière qui sont connues par l'homme sont de la taille du mont Everest, sachez alors que tout ce que vous pouvez voir est plus petit qu'une balle de golf !

Vous croyez peut-être que le monde réel est constitué de toutes les choses solides que vous pouvez voir et toucher. Mais en fait, rien n'est solide ! La chaise sur laquelle vous êtes assis en ce moment même est une force d'énergie en mouvement, et son essence est majoritairement espace. Donc, à quel point votre chaise est-elle réelle ?

« L'homme sage, reconnaissant que le monde n'est qu'illusion, n'agit pas comme s'il était réel, et il échappe donc à la souffrance. »

Gautama Bouddha (563-483 AV. J.-C.)

FONDATEUR DU BOUDDHISME

Vous croyez peut-être que votre imagination n'est que pensées et rêves, et qu'elle n'a pas de pouvoir dans le monde réel. Et pourtant, l'un des obstacles auxquels font face les scientifiques dans leurs efforts pour prouver que les choses sont vraies ou fausses, consiste à faire fi de leurs croyances dans le cadre de leurs expériences, car ce que le scientifique croit ou imagine *influe* sur les résultats qu'il obtient. Tel est le pouvoir de l'imagination et des croyances humaines ! Tout comme les croyances du scientifique influent sur le résultat d'une expérience, vos propres croyances influent sur le résultat de votre vie.

Vos croyances, vraies ou fausses, façonnent votre monde. Ce que vous imaginez et *ressentez* comme étant vrai modèle votre vie, car c'est ce que vous transmettez à la loi de l'attraction, et c'est ce que vous recevrez en retour. Votre imagination est plus réelle que le monde que vous voyez, car le monde que vous voyez vient de ce que vous imaginez et croyez ! Ce que vous croyez et *ressentez* comme étant vrai est ce que sera votre vie. Si vous croyez que la vie de vos rêves est hors de votre portée, alors la loi de l'attraction se conformera à ce que vous dites, et elle fera de vos croyances votre monde réel.

> *« Croire en ce que l'on peut voir et toucher n'est en rien une croyance; mais croire en l'invisible est un triomphe et une bénédiction. »*
>
> Abraham Lincoln (1809-1865)
>
> 16E PRÉSIDENT DES ÉTATS-UNIS

Des croyances axées sur la limitation ont été transmises de génération en génération tout au long de l'histoire de l'humanité, mais le temps est venu de raconter la vraie histoire.

La vraie histoire

La vraie histoire, c'est que vous êtes un être illimité. La vraie histoire, c'est que le monde et l'univers sont illimités. Il y a des mondes et des possibilités que vous ne pouvez pas voir, mais ils existent tous. Vous devez commencer à raconter une histoire différente ! Vous devez commencer à raconter l'histoire de votre vie exceptionnelle, car quelle que soit l'histoire que vous raconterez, bonne ou mauvaise, la loi de

l'attraction fera en sorte que vous la receviez, et ce sera alors l'histoire de votre vie.

Imaginez et *ressentez* tout ce que vous désirez, et ce seront là les images que vous recevrez en retour dans votre vie. Donnez autant d'amour que vous le pouvez et sentez-vous aussi bien que vous le pouvez, et la force de l'amour vous entourera de gens, de circonstances et d'événements que vous aimerez. Vous pouvez être tout ce que vous voulez. Vous pouvez faire tout ce que vous voulez. Vous pouvez avoir tout ce que vous voulez.

Qu'aimez-vous ? Que voulez-vous ?

En racontant l'histoire de votre vie, laissez de côté tout ce que vous n'aimez pas et ne conservez que ce que vous aimez. Si vous vous accrochez aux aspects négatifs de votre passé, alors vous les insérez de nouveau dans votre histoire chaque fois que vous y pensez, et ils réapparaissent dans les images de votre vie – dans le présent !

Oubliez les mauvais souvenirs de votre enfance et ne vous rappelez que les bons moments. Oubliez ce qui ne vous a pas plu pendant votre adolescence et votre vie adulte, et ne conservez que les bonnes choses. Et conservez également les choses que vous aimez à propos de votre vie tout entière. Toutes les choses négatives du passé sont derrière vous, terminées. Vous n'êtes plus la même personne; alors, pourquoi continuer à les inclure dans votre histoire si elles vous mettent

mal à l'aise ? Vous n'avez pas à extraire la négativité de votre passé. Dorénavant, rayez-la tout simplement de votre histoire.

> *« Une force formidable, éternelle et incompréhensible nous pousse tous de l'avant. Mais nombreux sont les gens qui résistent et regardent en arrière. Inconsciemment, ils s'opposent à cette force. »*
>
> Prentice Mulford (1834-1891)
>
> AUTEUR, ÉCOLE DE LA PENSÉE NOUVELLE

Si vous persistez à jouer le rôle de la victime dans l'histoire que vous racontez, alors ces images seront projetées encore et encore dans votre vie. Si vous persistez à raconter que vous n'êtes pas aussi intelligent que les autres, pas aussi séduisant, pas aussi talentueux, vous aurez raison, car cette histoire que vous racontez modèlera votre vie.

Lorsque vous remplirez votre vie d'amour, vous constaterez que la culpabilité, le ressentiment et tout sentiment négatif vous quitteront. Et puis, vous commencerez à raconter la plus belle des histoires, et la force de l'amour illuminera votre vie avec les images de la *vraie* histoire de votre vie exceptionnelle.

« L'amour est le plus grand pouvoir sur terre. Il conquiert toutes choses. »

Peace Pilgrim

NÉE MILDRED LISETTE NORMAN (1908-1981)
MILITANTE POUR LA PAIX

LE POUVOIR EN BREF

- *La vie vous présente tout afin que vous choisissiez ce que vous aimez !*
- *Si quelqu'un possède quelque chose que vous désirez, soyez aussi excité que si vous l'aviez vous-même. Si vous éprouvez de l'amour pour cette chose, vous l'attirerez à vous.*
- *Lorsque vous voyez les choses que vous voulez, vous êtes sur la même fréquence qu'elles !*
- *Le catalogue de la vie renferme des choses que vous n'aimez pas ; donc, ne les choisissez pas en éprouvant de mauvais sentiments.*
- *Détournez-vous des choses qui ne vous plaisent pas et ne leur accordez aucun sentiment. Dites plutôt oui lorsque vous voyez quelque chose que vous aimez.*
- *La loi de l'attraction agit en fonction de vos sentiments ! C'est uniquement ce que vous donnez qui compte. La loi de l'attraction est la loi du vous.*
- *Jugez et critiquez, et cela vous reviendra. Donnez de l'amour et de l'appréciation à une autre personne ou à quelque chose, et c'est à vous que vous les donnerez.*
- *Lorsque les gens pensent qu'il manque quelque chose, c'est tout simplement à cause d'un manque d'amour.*

- *Vous êtes assez bon maintenant. Si vous sentez que vous avez fait quelque chose de mal, sachez que le fait de vous en rendre compte et de l'accepter est une absolution pour la loi de l'attraction.*

- *Ce sont vos croyances, vraies ou fausses, qui façonnent votre monde.*

- *Votre imagination est plus réelle que le monde que vous voyez, car le monde que vous voyez vient de ce que vous imaginez et croyez ! Ce que vous croyez et ressentez comme étant vrai est ce que sera votre vie.*

- *Quelle que soit l'histoire que vous racontiez, bonne ou mauvaise, ce sera alors l'histoire de votre vie. Commencez donc à raconter l'histoire de votre vie exceptionnelle et la loi de l'attraction fera en sorte que vous la receviez.*

LES CLÉS
DU POUVOIR

« Vos possessions les plus précieuses et vos plus grands pouvoirs sont invisibles et intangibles. Personne ne peut se les approprier. Vous, et vous seul, pouvez les donner. Et vous connaîtrez l'abondance en en faisant don. »

W. Clement Stone (1902-2002)

AUTEUR ET HOMME D'AFFAIRES

Les Clés du Pouvoir sont les outils les plus puissants qui existent pour harnacher la force de l'amour et recevoir la vie à laquelle vous êtes destiné. Elles sont si simples et faciles à utiliser que même un enfant peut les maîtriser. Chaque clé vous donnera accès à l'immense pouvoir qui est en vous.

La clé de l'amour

Pour utiliser l'amour comme ultime pouvoir dans votre vie, vous devez aimer comme vous n'avez jamais aimé auparavant. Tombez amoureux de la vie ! Quel que soit l'amour que vous ayez déjà donné, doublez ce sentiment, multipliez-le par dix, multipliez-le pas cent, par mille, par un million, car vous êtes capable de ressentir tout cet amour ! Il n'y a pas de limites, pas de plafond à l'amour que vous pouvez éprouver, et cet amour est déjà en vous! Vous êtes fait d'amour. C'est l'essence et la nature de votre être, de la vie et de l'univers, et vous pouvez aimer beaucoup plus que vous n'avez aimé auparavant, et beaucoup plus que vous ne l'imaginez.

Lorsque vous tombez amoureux de la vie, toute limitation disparaît. Vous brisez les limitations relatives à l'argent, à la santé, au bonheur, ainsi que les limites de la joie dans vos relations. Lorsque vous tombez amoureux de la vie, plus rien ne vous résiste, et tout ce que vous aimez apparaît presque instantanément dans votre vie. On sentira votre présence lorsque vous entrerez dans une pièce. Les occasions afflueront dans votre vie et vous pourrez aisément faire fondre la négativité. Vous vous sentirez mieux que vous ne le croyiez possible. Vous serez rempli d'une énergie illimitée, d'excitation et d'une soif inextinguible pour la vie. Vous vous sentirez aussi léger qu'une plume, comme si vous flottiez dans les airs, et tout ce que vous aimez sera déposé à vos pieds. Tombez amoureux de la vie, libérez le pouvoir qui est en vous et vous deviendrez illimité et invincible !

« Même après tant d'années, le soleil ne dit jamais à la terre : "Tu me dois quelque chose." Regarde ce qui se passe avec un tel amour ! Il illumine le ciel entier. »

Hafez (1315-1390)
POÈTE SOUFI

Alors, comment devient-on amoureux de la vie ? De la même manière que l'on devient amoureux d'une autre personne – on adore *tout* à propos d'elle ! Lorsque vous vous éprenez de quelqu'un, vous ne voyez que l'amour, n'entendez que l'amour, ne parlez que d'amour, et votre cœur ne *ressent* que l'amour ! Et c'est exactement ainsi que vous pourrez utiliser l'ultime pouvoir de l'amour pour tomber amoureux de la vie.

Quoi que vous fassiez, à n'importe quelle heure de la journée, cherchez autour de vous les choses que vous aimez. Il peut s'agir de la technologie et des inventions que vous préférez, de bâtiments qui vous plaisent, de voitures et de routes, de cafés, de restaurants et de magasins. Marchez dans la rue ou entrez dans un magasin avec l'intention de trouver le plus de choses possible que vous aimez. Repérez ce que vous aimez chez les autres. Tournez-vous vers tout ce que vous aimez dans la nature – les oiseaux, les arbres, les fleurs, les odeurs et les couleurs. Regardez vraiment ce que vous aimez. Entendez ce que vous aimez. Parlez de ce que vous aimez.

« En sachant que vous avez une force à votre service, une force qui n'a jamais failli en quoi que ce soit, vous pouvez aller de l'avant avec confiance, car vous saurez qu'elle ne vous fera pas faux bond à vous non plus. »

Robert Collier (1885-1950)

AUTEUR, ÉCOLE DE LA PENSÉE NOUVELLE

Pensez à ce que vous aimez. Parlez de ce que vous aimez. Faites ce que vous aimez faire. Car lorsque vous le faites, vous *ressentez* de l'amour.

Parlez de ce que vous aimez à propos de votre maison, de votre famille, de votre conjoint et de vos enfants. Parlez de ce que vous aimez à propos de vos amis. Dites-leur ce que vous aimez chez eux. Parlez de ce que vous aimez toucher, sentir et goûter.

Précisez chaque jour à la loi de l'attraction les choses que vous aimez en les ressentant. Pensez seulement à tout l'amour que vous pouvez donner chaque jour en sentant les choses que vous aimez. Lorsque vous marchez dans la rue, attardez-vous à ce que vous aimez chez les gens que vous croisez. Lorsque vous faites des emplettes, cherchez les choses que vous aimez. Dites : « J'aime cette tenue », « J'aime ces chaussures », « J'aime la couleur des yeux de cette personne », « J'aime les cheveux de cette personne », « J'aime le sourire de cette personne », « J'aime ces produits de beauté », « J'aime cette odeur », « J'aime ce magasin », « J'aime cette table, cette lampe, ce canapé, ce tapis, cette chaîne stéréo, ce manteau, ces gants, cette cravate, ce chapeau et ces bijoux», «J'aime l'odeur de l'été», «J'aime les arbres en automne», «J'aime les fleurs au printemps», «J'aime cette couleur», «J'aime cette rue», «J'aime cette ville».

Cherchez les choses que vous aimez dans les situations, les événements et les circonstances, et *sentez-les*. «J'aime recevoir ce genre d'appels téléphoniques», «J'aime recevoir ce genre de courriels », «J'aime entendre ce genre de bonnes nouvelles», «J'aime cette chanson», «J'aime voir des gens heureux», «J'aime rire avec les gens», «J'aime écouter de la musique pendant que je me rends au travail», «J'aime pouvoir me détendre à bord de l'autocar ou du train», «J'aime les festivals qui ont lieu dans ma ville», «J'aime les fêtes», «J'aime la vie». Cherchez les choses que vous aimez dans chaque domaine qui fait chanter votre cœur, et éprouvez pour elles un amour des plus profonds.

Si vous ne vous sentez pas bien et voulez remédier à la situation, ou si vous voulez accentuer vos bons sentiments, alors prenez une minute ou deux et dressez mentalement une liste de tout ce que vous aimez et adorez. Vous pouvez le faire en vous habillant le matin, en marchant, en conduisant ou pendant tous vos déplacements. C'est tellement simple, mais cela aura un impact exceptionnel sur votre vie.

Mettez par écrit tout ce que vous aimez. Je vous conseille de le faire chaque mois au début, et puis au moins une fois tous les trois mois. Notez tout ce que vous aimez : lieux, villes, pays, gens, couleurs, styles, qualités humaines, entreprises, services, sports, athlètes, musique, animaux, fleurs, plantes, et arbres. Dressez la liste de vos aliments préférés et de tous les biens matériels que vous aimez – vêtements, maisons, meubles, livres, magazines, journaux, voitures, appareils. Pensez aux choses que vous aimez faire et dressez-en une liste exhaustive, comme danser, pratiquer un sport, fréquenter les musées, assister à des concerts, participer à des fêtes, faire des emplettes. Notez les films, les vacances et les restaurants que vous aimez.

> *« Pour celui qui est entré profondément dans le royaume de l'amour, le monde – aussi imparfait soit-il – devient riche et merveilleux – il n'offre plus que des occasions d'aimer. »*
>
> Søren Aabye Kierkegaard (1813-1855)
>
> PHILOSOPHE

Il vous incombe d'aimer le plus possible chaque jour. Si vous arrivez à aimer et à adorer un maximum de choses aujourd'hui, en être conscient et les sentir, et en même temps repousser celles que vous n'aimez pas, vos lendemains déborderont d'un bonheur indescriptible.

« L'amour est la clé principale qui ouvre les portes du bonheur. »

Oliver Wendell Holmes (1809-1894)
RECTEUR DE L'ÉCOLE DE MÉDECINE DE HARVARD

Aimer, c'est être alerte

Vous devez être alerte afin de ressentir de l'amour pour tout ce qui vous entoure. Vous devez être conscient de tout ce qui peut être aimé autour de vous, car sinon des choses vous échapperont. Vous devez être alerte pour voir ces choses que vous aimez. Vous devez être alerte pour entendre ces sons que vous aimez. Vous devez être alerte pour humer le délicieux parfum des fleurs. Vous devez être alerte pour goûter vraiment les aliments que vous mangez et en capter pleinement la saveur. Si vous marchez dans la rue en écoutant les pensées qui se bousculent dans votre tête, vous ratez tout ça. Et c'est ce qui arrive souvent aux gens. Ils s'hypnotisent eux-mêmes en écoutant leurs pensées. Ils se mettent ainsi dans une sorte de transe et ne sont plus conscients de ce qui les entoure.

Vous est-il déjà arrivé de marcher dans la rue et d'être surpris d'entendre soudain un ami crier votre nom parce que vous ne l'aviez pas vu ? Ou peut-être est-ce vous qui avez vu une amie et avez dû crier plusieurs fois son nom avant qu'elle sursaute en vous voyant ? Vous l'avez en quelque sorte réveillée parce qu'elle n'était pas consciente d'être dans la rue ; elle

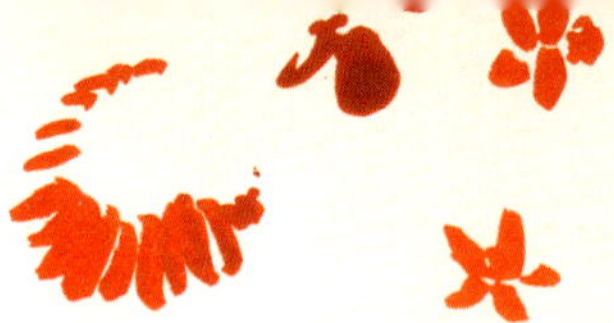

était en transe, dans un état hypnotique, écoutant ses pensées. Vous est-il déjà arrivé de rouler en voiture et de regarder tout à coup autour de vous pour vous rendre compte que vous étiez presque arrivé à destination, mais sans vous rappeler la majeure partie du trajet? Vous vous étiez hypnotisé en écoutant vos pensées, et vous étiez en transe.

Mais heureusement que plus vous donnez d'amour, plus vous devenez alerte et conscient ! L'amour entraîne la vigilance. En faisant consciemment, chaque jour, l'effort de remarquer autour de vous toutes les choses que vous aimez, vous deviendrez plus conscient et alerte.

Comment garder votre esprit bien axé sur l'amour

« La netteté d'esprit cause aussi la netteté de la passion; c'est pourquoi un esprit grand et net aime avec ardeur, et il voit distinctement ce qu'il aime. »

Blaise Pascal (1623-1662)

MATHÉMATICIEN ET PHILOSOPHE

Une façon de demeurer alerte consiste à jouer un tour à votre esprit en vous posant des questions telles que : « Que puis-je voir que j'aime? », « Combien y-a-t-il de choses autour de moi que j'aime? », « Qu'y a-t-il d'autre autour de moi que j'aime? », « Que puis-je voir qui me fait plaisir? », « Que puis-je voir qui m'excite? », « Y a-t-il davantage de choses que j'aime autour de moi? », « Que puis-je entendre que j'aime? » Lorsque vous posez des questions à votre esprit, il ne peut faire autrement que de se mettre aussitôt à vous donner des réponses. Il écarte immédiatement les autres pensées qui l'occupaient afin de vous répondre.

Le secret, c'est de poser régulièrement des questions à votre esprit. Plus vous lui poserez de questions, plus vous le maîtriserez. Au lieu de travailler contre vous, il travaillera de concert avec vous et fera ce que vous voulez.

Si vous n'en gardez pas le contrôle, votre esprit peut parfois s'emballer, comme un train de marchandises sans conducteur dévalant une montagne. Vous êtes le conducteur de votre esprit, alors prenez-en le contrôle et gardez-le occupé en lui donnant des instructions qui le guideront dans la direction que vous souhaitez. Votre esprit ne prend le large que lorsque vous ne lui dites pas quoi faire.

« L'esprit devient l'ennemi de celui qui ne le contrôle pas. »

Bhagavad Gita (5e SIÈCLE AV. J.-C.)

ANCIEN TEXTE HINDOU

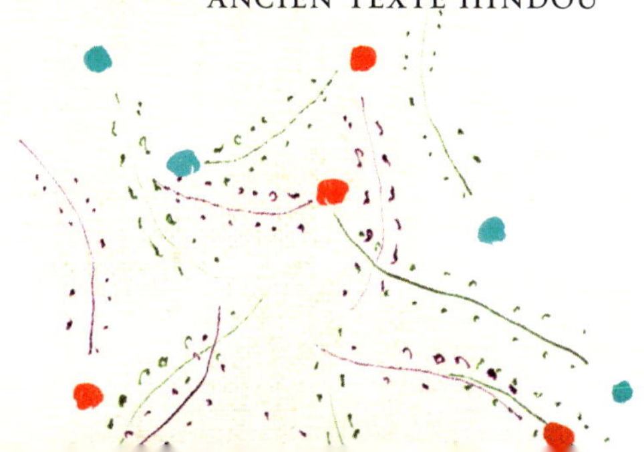

Votre esprit est pour vous un outil puissant et magnifique, mais vous devez le contrôler. Plutôt que de le laisser vous distraire avec des pensées désordonnées, vous voulez plutôt qu'il vous aide à donner de l'amour. Entraîner votre esprit à se concentrer sur l'amour peut se faire en peu de temps, et quand vous l'aurez fait, observez bien ce qui se produira dans votre vie !

La clé de la gratitude

« Sans gratitude, vous n'exercerez que peu de pouvoir, car c'est la gratitude qui vous connecte au pouvoir. »

Wallace Wattles (1860-1911)

AUTEUR, ÉCOLE DE LA PENSÉE NOUVELLE

Je connais des milliers de gens qui se trouvaient dans les pires situations imaginables et qui ont complètement changé leur vie grâce à la gratitude. J'ai entendu parler de gens malades qui ont guéri miraculeusement alors qu'il n'y avait plus d'espoir, de gens qui souffraient d'insuffisance rénale, de maladies cardiaques, de troubles de la vue et de problèmes osseux. J'ai entendu parler de ruptures qui ont fait place à des relations harmonieuses grâce à la gratitude : des mariages brisés sont redevenus heureux, des membres d'une famille qui étaient brouillés ont été réunis, des parents ont su transformer leurs relations avec leurs jeunes enfants et leurs adolescents, et des professeurs ont métamorphosé leurs élèves. J'ai vu des gens qui vivaient dans l'indigence devenir riches grâce à la gratitude : des gens qui ont surmonté la faillite de leur entreprise et des gens qui avaient toujours connu des difficultés financières ont su créer l'abondance dans leur vie. Je connais aussi quelqu'un qui vivait dans la rue et qui a trouvé du travail et un toit en une semaine. Je connais des gens qui souffraient de dépression et qui ont été catapultés dans le bonheur et une vie épanouie grâce à la gratitude. Je connais des gens qui souffraient d'anxiété et de toutes sortes de maladies mentales qui ont retrouvé la santé grâce à la gratitude.

Tous les sauveurs de l'humanité ont utilisé la gratitude, car ils savaient qu'elle est l'une des expressions les plus évoluées de l'amour. Ils savaient qu'en exprimant de la gratitude, ils vivaient conformément à la loi. Pourquoi croyez-vous que Jésus disait toujours *merci* avant de faire un miracle?

Chaque fois que vous éprouvez de la gratitude, vous *donnez* de l'amour, et tout ce que vous donnez, vous le recevez en retour. Que vous remerciez quelqu'un ou que vous ressentiez de la gratitude pour une voiture, des vacances, un coucher de soleil, un cadeau, une nouvelle maison ou un événement excitant, vous donnez de l'amour et vous recevrez en retour davantage de joie, une meilleure santé, davantage d'argent, d'expériences exceptionnelles, de relations incroyables et d'occasions.

Essayez dès maintenant. Pensez à quelque chose ou à quelqu'un qui fait naître en vous un sentiment de gratitude. Il peut s'agir de la personne que vous aimez le plus au monde. Concentrez-vous sur cette personne et pensez à tout ce que vous aimez chez elle et à la gratitude qu'elle vous inspire. Ensuite, en pensée ou à voix haute, dites ce que vous aimez chez elle et exprimez-lui votre reconnaissance comme si elle était à vos côtés. Énumérez les raisons pour lesquelles vous l'aimez. Vous pouvez raviver des souvenirs particuliers en disant : « Rappelle-toi cette fois où. . . » Ce faisant, sentez la gratitude qui déferle dans votre cœur et votre corps.

L'amour que vous donnez en faisant ce simple exercice se doit de vous revenir et il enrichira votre relation et votre vie tout entière. Voilà à quel point il est facile de donner de l'amour par le biais de la gratitude.

Albert Einstein est l'un des plus grands scientifiques qui n'aient jamais vécu. Ses découvertes ont révolutionné notre conception de l'univers. Et lorsqu'on lui parlait de ses extraordinaires réalisations, il se contentait de remercier les autres. L'un des esprits les plus brillants du monde remerciait les autres pour ce qu'ils lui avaient donné – une centaine de fois par jour! C'est donc qu'Einstein donnait de l'amour au moins cent fois par jour. Est-il donc surprenant que la vie lui ait révélé autant de ses mystères?

« Cent fois par jour, je me redis que ma vie intérieure et extérieure dépend du labeur d'autres hommes, vivants et morts, et que je dois m'efforcer de donner dans la mesure où j'ai reçu et où je reçois encore. »

Albert Einstein (1879-1955)

PHYSICIEN – PRIX NOBEL

La gratitude, le grand multiplicateur

Lorsque vous éprouvez de la gratitude pour les choses que vous avez, aussi petites soient-elles, vous recevrez en retour ces mêmes choses en plus grande quantité. Si vous éprouvez de la gratitude pour l'argent que vous avez, même si vous n'en avez pas beaucoup, vous recevrez davantage d'argent. Si vous éprouvez de la gratitude pour une relation que vous avez, même si elle n'est pas parfaite, cette relation s'améliorera. Si vous éprouvez de la gratitude pour votre travail, même s'il ne s'agit pas de l'emploi de vos rêves, vous recevrez de meilleures occasions professionnelles. Et c'est parce que la gratitude est le grand multiplicateur de la vie !

« Si la seule prière que vous faites de votre vie est de dire "merci", c'est déjà suffisant. »

Meister Eckhart (1260-1328)

ÉCRIVAIN ET THÉOLOGIEN CHRÉTIEN

La gratitude commence par un mot tout simple – *merci* –, mais il faut ressentir cette gratitude de tout votre cœur. Plus vous direz *merci*, plus ce sentiment de gratitude sera grand et plus vous donnerez d'amour. Il y a trois façons d'utiliser le pouvoir de la gratitude dans votre vie, et chacune d'elles consiste à donner de l'amour :

1. *Éprouver de la gratitude pour tout ce que vous avez reçu pendant votre vie (passé).*

2. *Éprouver de la gratitude pour tout ce que vous recevez dans la vie (présent).*

3. *Éprouver de la gratitude pour tout ce que vous voulez dans la vie, comme si vous l'aviez déjà reçu (avenir).*

Si vous n'éprouvez pas de gratitude pour ce que vous avez reçu et ce que vous recevez, vous ne donnez pas d'amour, et vous n'avez pas le pouvoir de changer les circonstances actuelles de votre vie. Lorsque vous dites merci pour ce que vous avez reçu et ce que vous continuez à recevoir, vous *multipliez* ce que vous recevez. En même temps, la gratitude vous apporte ce que vous voulez ! Éprouvez de la gratitude pour ce que vous désirez dans la vie, comme si vous l'aviez déjà reçu, et la loi de l'attraction stipule que vous *devez* le recevoir.

Pouvez-vous imaginer que quelque chose d'aussi simple que la gratitude puisse multiplier tout ce que vous aimez et, ainsi, changer votre vie du tout au tout ?

Un homme divorcé, solitaire, déprimé et qui avait un emploi qu'il détestait, a décidé d'éprouver de l'amour et de la gratitude chaque jour afin de changer sa vie. Il a commencé par se montrer positif avec tous ceux à qui il parlait pendant la journée. Lorsqu'il téléphonait à de vieux amis et à des membres de sa famille, il les étonnait par son attitude positive et joyeuse. Il s'est mis à éprouver de la gratitude pour tout ce qu'il avait, même pour l'eau courante. Et voici ce qui s'est produit dans sa vie en l'espace de 120 jours : tout ce qu'il détestait à propos de son emploi a miraculeusement changé, et il adore maintenant son travail. Ce dernier l'a même amené à visiter des lieux qu'il avait toujours rêvé de voir. Il entretient les meilleures relations du monde avec tous les membres de sa famille, ce qui ne lui était jamais arrivé. Il a remboursé son prêt-automobile et il a toujours tout l'argent dont il a besoin. Il passe de bonnes journées quoi qu'il arrive. Et il s'est remarié – avec la femme dont il était tombé amoureux en 10e année, son premier amour !

> *« La gratitude pour l'abondance que vous avez reçue est la meilleure garantie d'une abondance qui ne tarira pas. »*
>
> *Mahomet* (570-632)
>
> FONDATEUR DE L'ISLAM

Si vous éprouvez un peu de gratitude, votre vie changera un peu. Si vous éprouvez beaucoup de gratitude chaque jour, votre vie changera comme vous ne pouvez pas l'imaginer. Non seulement la gratitude multiplie-t-elle tout dans votre vie, mais elle élimine aussi tout ce qui est négatif. Peu importe la situation difficile dans laquelle vous vous trouvez, vous pouvez *toujours* trouver quelque chose envers quoi éprouver de la gratitude et, ce faisant, vous mettez à votre service la force de l'amour qui élimine la négativité.

La gratitude est une passerelle vers l'amour

> *« C'est avec un esprit ouvert et paisible que l'on peut trouver une compensation dans chaque déception. »*
>
> *Henry David Thoreau* (1817-1862)
>
> AUTEUR TRANSCENDANTALISTE

La gratitude a tiré ma mère d'une profonde tristesse et lui a apporté le bonheur. Ma mère et mon père sont tombés amoureux l'un de l'autre au premier regard, et ils ont vécu

la plus belle histoire d'amour et le plus beau mariage qu'il m'ait été donné de voir. Lorsque mon père est décédé, ma mère a été balayée par un énorme chagrin, car mon père lui manquait terriblement. Mais malgré son chagrin et sa peine, ma mère a commencé à chercher ce pour quoi elle pouvait éprouver de la gratitude. Hormis toutes les choses qu'elle avait reçues pendant des décennies d'amour et de bonheur avec mon père, elle s'est demandé envers quoi elle pourrait être reconnaissante à l'avenir. Tout d'abord, elle pouvait maintenant voyager. Elle en avait toujours rêvé, mais elle ne l'avait jamais fait quand mon père vivait encore, car cela ne l'intéressait pas. Ma mère a réalisé son rêve; elle a voyagé et fait plusieurs autres choses qu'elle avait toujours voulu faire. La gratitude a été pour elle une passerelle qui lui a permis de passer d'un immense chagrin à une nouvelle vie remplie de bonheur.

Il est impossible de se sentir triste ou d'avoir des sentiments négatifs lorsqu'on est reconnaissant. Si vous êtes dans une situation difficile, cherchez quelque chose envers quoi être reconnaissant. Après avoir trouvé une première chose, cherchez-en une autre, et puis encore une autre, car chaque petite chose pour laquelle vous éprouverez de la gratitude contribuera à changer la situation. La gratitude est la passerelle que l'on emprunte en laissant derrière nous nos sentiments négatifs afin de harnacher la force de l'amour !

« La gratitude est un vaccin, un antioxydant et un antiseptique. »

John Henry Jowett (1864-1923)

PRÉDICATEUR PRESBYTÉRIEN ET AUTEUR

Lorsque quelque chose de bien vous arrive pendant la journée, dites *merci*. Peu importe s'il s'agit d'une toute petite chose, dites *merci*. Lorsque vous trouvez la place de stationnement idéale, entendez votre chanson favorite à la radio, arrivez à une intersection au moment où le feu passe au vert ou trouvez une place libre à bord de l'autocar ou du train, dites *merci*. Ce sont là de bonnes choses que vous recevez de la vie.

Dites merci pour les sens que vous avez : vos yeux qui voient, vos oreilles qui entendent, votre bouche qui goûte, votre nez qui hume et votre peau qui vous permet de toucher. Dites merci pour les jambes avec lesquelles vous marchez, les mains que vous utilisez pour faire presque tout, la voix avec laquelle vous vous exprimez et communiquez avec les autres. Dites merci pour l'extraordinaire système immunitaire qui vous garde en bonne santé ou qui vous guérit, et pour tous les organes qui soutiennent votre corps et le maintiennent en vie. Dites merci pour la magnificence de l'esprit humain qu'absolument aucune technologie informatique ne peut reproduire. Votre corps tout entier est le plus grand laboratoire de la planète, et rien ne peut s'y comparer. Vous êtes un miracle!

Dites merci pour votre maison, votre famille, vos amis, votre travail et vos animaux de compagnie. Dites merci pour le soleil, l'eau que vous buvez, les aliments que vous mangez et l'air que vous respirez ; sans eux, vous ne pourriez pas vivre.

Dites merci pour les arbres, les animaux, les océans, les oiseaux, les fleurs, les plantes, le ciel bleu, la pluie, les étoiles, la lune, et notre magnifique planète.

Dites merci pour les moyens de transport que vous utilisez chaque jour. Dites merci pour toutes les entreprises qui vous fournissent les services essentiels qui font que vous menez une vie agréable. Tant d'êtres humains ont travaillé à la sueur de leur front pour que vous puissiez ouvrir le robinet et avoir de l'eau fraîche. Tant d'êtres humains ont travaillé toute leur vie pour que vous puissiez appuyer sur un commutateur et avoir de la lumière. Pensez à tous ceux qui ont peiné jour après jour, année après année, pour poser les rails de chemin de fer qui sillonnent notre planète. Et il est presque impossible d'imaginer le nombre de gens qui ont effectué un travail éreintant en construisant les routes sur lesquelles nous roulons et qui constituent un réseau de communication et de vie pour le monde.

> *« Dans la vie ordinaire, nous réalisons difficilement que nous recevons beaucoup plus que nous donnons, et que ce n'est qu'avec la gratitude que la vie devient riche. »*
>
> Dietrich Bonhoeffer (1906-1945)
> PASTEUR LUTHÉRIEN

Pour utiliser le pouvoir de la gratitude, exercez-vous à en éprouver. Plus vous vous *sentirez* reconnaissant, plus vous *donnerez* d'amour ; et plus vous *donnerez* d'amour, plus vous *recevrez*.

Éprouvez-vous de la gratitude après une bonne nuit de sommeil, ou tenez-vous ces nuits pour acquises et ne pensez-vous au sommeil que lorsque vous en êtes privé ?

Éprouvez-vous de la gratitude pour les êtres qui vous sont chers lorsque tout va bien, ou ne parlez-vous de vos relations que lorsque vous avez des problèmes ?

Éprouvez-vous de la gratitude pour l'électricité lorsque vous utilisez un appareil ou appuyez sur un commutateur, ou n'y pensez-vous que lorsqu'il y a une panne de courant ?

Êtes-vous chaque jour reconnaissant d'être vivant ?

Chaque seconde est une occasion d'éprouver de la gratitude et de multiplier les choses que vous aimez. Auparavant, je croyais être une personne reconnaissante, mais j'ai vraiment compris ce qu'était la gratitude lorsque j'ai commencé à la mettre en pratique.

Je profite du temps que je passe en voiture ou en promenade pour dire ma gratitude pour ce que j'ai dans la vie. Je le fais même en marchant de la cuisine à ma chambre à coucher. De tout mon cœur, je dis : « Merci pour ma vie. Merci pour l'harmonie. Merci pour la joie. Merci pour ma santé. Merci pour le plaisir et l'excitation. Merci pour le miracle de la vie. Merci pour tout ce qui est merveilleux et bon dans ma vie. »

Soyez reconnaissant ! La gratitude ne coûte rien, mais elle vaut plus que toutes les richesses du monde. La gratitude vous enrichit de toutes les richesses de la vie, car tout ce pour quoi vous êtes reconnaissant se multiplie !

La clé du jeu

Il existe un moyen de vous sentir mieux dans tous les domaines de votre vie et c'est de créer des jeux en vous servant de votre imagination, et de jouer. Le jeu est amusant et, lorsque vous jouez, vous vous sentez vraiment bien.

À un moment donné de notre vie, nous avons cessé de jouer et de nous amuser comme nous le faisions pendant notre enfance et, devenus adultes, nous sommes devenus sérieux à propos de la vie. Mais être sérieux apporte des conséquences sérieuses dans votre vie. Lorsque vous jouez et avez du plaisir, vous vous sentez vraiment bien, et – comme par magie –, des circonstances heureuses apparaissent dans votre vie.

La vie est censée être amusante ! Jouez avec la loi de l'attraction, inventez des jeux en vous servant de votre imagination, car la loi de l'attraction ne sait pas si c'est réel et elle ne s'en soucie pas !

Comment jouer

> *« La loi de l'amour pourrait être mieux comprise et apprise auprès des petits enfants. »*
>
> Mahatma Gandhi (1869-1948)
>
> LEADER POLITIQUE INDIEN

Comment joue-t-on ? En faisant la même chose que lorsque vous étiez un enfant, et en vous servant de votre imagination pour créer des jeux fantaisistes.

Imaginons que vous êtes un cycliste et que vous souhaitez devenir le meilleur au monde et remporter le Tour de France. Votre entraînement va bien et votre rêve est à votre portée, mais on découvre que vous souffrez d'une maladie et que vos chances de survie ne sont que de 40 pour cent. Pendant le traitement que vous suivez, vous imaginez que vous participez au Tour de France et que c'est la course de votre vie. Vous imaginez que le personnel médical est votre équipe d'entraîneurs et qu'elle vous donne de la rétroaction à chaque étape. Chaque jour, vous imaginez que vous faites une course contre la montre, et votre temps ne cesse de s'améliorer ! Vous gagnez la course avec votre équipe médicale et vous vainquez la maladie.

Un an après avoir recouvré la santé, vous remportez le Tour de France et vous continuez à en être le champion sept ans d'affilée, devenant le seul cyclise de l'histoire à avoir réalisé un tel exploit ! C'est ce qu'a fait Lance Armstrong. Il s'est servi des circonstances les plus difficiles de sa vie pour créer un jeu imaginaire et concrétiser son rêve.

Supposons que vous souhaitiez avoir le corps le plus musclé du monde et aussi devenir un acteur célèbre en Amérique. Vous vivez dans un tout petit village européen et êtes issu d'une famille modeste, mais vous imaginez néanmoins vos rêves. Vous vous inspirez de la photo d'un héros pour sculpter votre corps et vous imaginez que vous remportez le titre de Culturiste d'Europe. Vous remportez finalement ce titre à sept reprises, et puis vous vous dites que le moment est venu de devenir un acteur célèbre. Vous vous rendez en Amérique, mais personne ne croit que vous avez l'étoffe d'un acteur et on vous expose toutes les raisons pour lesquelles vous ne pourrez jamais aller jusqu'au bout de votre rêve. Mais vous avez imaginé que vous étiez un acteur célèbre, et vous pouvez sentir le succès, vous pouvez le goûter, et vous savez que vous le connaîtrez. C'est ainsi qu'Arnold Schwarzenegger a remporté à sept reprises le titre de M. Olympia et puis est devenu l'un des acteurs les plus en vue d'Hollywood.

Imaginez que vous voulez être un grand inventeur. Au cours de votre enfance, votre esprit est sollicité à l'extrême ; vous êtes la proie d'hallucinations et aveuglé par des éclairs de lumière. Vous ne réussissez pas à décrocher votre diplôme universitaire et vous quittez votre emploi à cause d'une dépression nerveuse. Pour vous soulager des effets débilitants de vos hallucinations, vous prenez le contrôle de votre esprit en créant votre propre monde imaginaire. Inspiré par l'idée d'un avenir meilleur, vous guidez votre esprit vers de nouvelles inventions. Vous inventez quelque chose dans votre tête ; vous en modifiez la construction, vous y apportez des améliorations, et vous vous servez même de l'appareil, sans même en dessiner une seule esquisse. Vous créez un laboratoire dans votre esprit et vous vous servez de votre imagination pour vérifier l'usure normale de l'appareil que vous avez inventé avant même de procéder à sa fabrication. C'est ce qu'a fait Nikola Tesla pour devenir l'un des plus grands inventeurs. Qu'il s'agisse du moteur à courant alternatif, de la radio, de l'amplificateur, de la communication sans fil, de la lampe fluorescente, du rayon laser, de la commande à distance ou de n'importe laquelle de ses quelque 300 autres inventions brevetées, il les a toutes développées de la même façon – avec le pouvoir de son imagination.

« La logique vous rendra du point A au point B. L'imagination vous emmènera partout. »

Albert Einstein (1879-1955)

PHYSICIEN – PRIX NOBEL

Quoi que vous désiriez, servez-vous de votre imagination, créez des jeux, et jouez. Utilisez tous les outils que vous pouvez pour vous y aider. Si vous voulez perdre du poids ou avoir un corps plus musclé, alors créez des jeux qui vous permettront de sentir que vous avez déjà ce corps dont vous rêvez. Vous pouvez vous entourer de photographies de gens qui ont un corps magnifique, mais le secret est le suivant : vous devez imaginer que ce corps vous *appartient* ! Vous devez imaginer et sentir que c'est *votre* corps que vous voyez sur ces photos, et non le corps de quelqu'un d'autre.

Si vous avez un surplus de poids, ou bien si vous êtes trop maigre, comment vous sentiriez-vous si vous aviez le poids idéal dès maintenant ? Vous ne vous sentiriez pas comme vous vous sentez maintenant. Tout changerait pour vous. Vous auriez une démarche différente, vous vous exprimeriez et feriez les choses différemment. Adoptez cette démarche dès maintenant ! Parlez ainsi dès maintenant ! Agissez ainsi dès maintenant ! Peu importe ce que vous voulez; imaginez comment vous vous sentiriez si vous aviez ce que vous voulez, et faites comme si c'était le cas en imagination. Tout ce que vous imaginez en y greffant des sentiments, vous le transmettez à la loi de l'attraction, et vous le recevrez nécessairement.

Lance Armstrong, Arnold Schwarzenegger et Nikola Tesla ont tous joué avec leur imagination et senti leurs rêves de tout leur cœur. Ce qu'ils imaginaient est devenu tellement réel pour eux qu'ils pouvaient *sentir* leurs rêves et avaient la certitude qu'ils se réaliseraient. Il importe peu que la concrétisation de votre rêve vous paraisse éloignée dans le temps. Sachez qu'elle est plus près que toute autre chose, car le pouvoir d'attirer vos rêves est à l'intérieur de vous!

> *« Tout est possible à celui qui croit. »*
>
> *Jésus* (VERS 5 AV. J.-C. – VERS 30 APR. J.-C.)
>
> FONDATEUR DE LA CHRÉTIENTÉ
> DANS L'ÉVANGILE SELON SAINT MARC 9,23

À l'avenir, nous serons les témoins de plus en plus de découvertes à propos du pouvoir de l'imagination. Déjà, les scientifiques ont découvert des cellules miroirs spéciales qui activent les mêmes régions du cerveau, que l'on imagine faire quelque chose ou qu'on le fasse réellement. Autrement dit, il suffit de jouer et d'imaginer ce que vous voulez vivre, et votre cerveau réagit immédiatement comme si c'était réel.

Si vous parlez de quelque chose au passé ou au futur, vous l'imaginez maintenant, vous le sentez maintenant, vous êtes en synchronisme avec cette fréquence maintenant, et c'est ce que capte la loi de l'attraction. Lorsque vous imaginez votre rêve, la loi de l'attraction le capte maintenant. Rappelez-vous que le temps n'existe pas pour la loi de l'attraction. Pour elle, il n'existe que le moment présent.

Si vous n'obtenez pas immédiatement ce que vous voulez, c'est uniquement à cause du temps que *vous* mettez à vous mettre en synchronisme avec la fréquence de ce que vous désirez. Pour établir ce synchronisme, vous devez ressentir de l'amour pour cette chose comme si vous l'aviez déjà! Et elle se manifestera dans votre vie.

> *« Tout ce que vous désirez vous appartient déjà. La clé pour obtenir ce que vous désirez est d'imaginer que vous l'avez déjà obtenu. »*
>
> Neville Goddard (1905-1972)
>
> AUTEUR, ÉCOLE DE LA PENSÉE NOUVELLE

Lorsqu'un événement vous remplit d'excitation et que vous vous sentez transporté, emparez-vous de cette énergie et imaginez votre rêve. Ces brèves interventions sont tout ce qu'il faut pour harnacher le pouvoir des sentiments empreints d'excitation que vous éprouvez en pensant à ce que vous désirez ! C'est jouer. C'est s'amuser. C'est la joie de créer votre vie.

LE POUVOIR EN BREF

La clé de l'amour

- *Pour utiliser l'amour comme ultime pouvoir dans votre vie, vous devez aimer comme vous n'avez jamais aimé auparavant. Tombez amoureux de la vie !*
- *Ne voyez que l'amour, n'entendez que l'amour, ne parlez que d'amour, et ne ressentez que de l'amour.*
- *Il n'y a pas de limites, pas de plafond, à l'amour que vous pouvez éprouver, et cet amour est déjà en vous ! Vous êtes fait d'amour.*
- *Précisez chaque jour les choses que vous aimez à la loi de l'attraction en les sentant.*
- *Pour changer la façon dont vous vous sentez ou pour accentuer vos bons sentiments, dressez mentalement une liste de tout ce que vous aimez et adorez !*
- *Il vous incombe d'aimer le plus possible chaque jour.*
- *Chaque jour, faites consciemment l'effort de remarquer autour de vous toutes les choses que vous aimez.*

La clé de la gratitude

- *Chaque fois que vous éprouvez de la gratitude, vous donnez de l'amour.*

- *Éprouvez de la gratitude pour tout ce que vous avez reçu pendant votre vie (passé).*
  Éprouvez de la gratitude pour tout ce que vous recevez dans la vie (présent).
  Éprouvez de la gratitude pour tout ce que vous voulez dans la vie, comme si vous l'aviez déjà reçu (avenir).

- *La gratitude multipliera tout dans votre vie.*

- *La gratitude est la passerelle que l'on emprunte en laissant derrière nous nos sentiments négatifs afin de harnacher la force de l'amour !*

- *Pour utiliser le pouvoir de la gratitude, exercez-vous à en éprouver. Lorsque quelque chose de bien vous arrive pendant la journée, dites « merci ». Peu importe s'il s'agit d'une toute petite chose, dites « merci ».*

- *Plus vous éprouverez de gratitude, plus vous donnerez d'amour ; et plus vous donnerez d'amour, plus vous recevrez.*

- *Chaque seconde est une occasion d'éprouver de la gratitude et de multiplier les choses que vous aimez.*

La clé du jeu

- *Lorsque vous jouez, vous vous sentez vraiment bien – et des circonstances heureuses apparaissent dans votre vie. Être sérieux apporte des conséquences sérieuses dans votre vie.*

- *La vie est censée être amusante !*

- *La loi de l'attraction ne sait pas que vous vous servez de votre imagination et jouez ; donc, tout ce que vous lui transmettrez en imaginant ou en jouant deviendra réel!*

- *Quoi que vous désiriez, utilisez votre imagination, utilisez tous les outils que vous pouvez, créez des jeux et jouez.*

- *Agissez comme si vous aviez déjà obtenu ce que vous voulez. Tout ce que vous imaginez en y greffant des sentiments, vous le transmettez à la loi de l'attraction, et vous le recevrez nécessairement.*

- *Si vous n'obtenez pas immédiatement ce que vous voulez, c'est uniquement à cause du temps que vous mettez à vous mettre en synchronisme avec la fréquence de ce que vous désirez.*

- *Lorsqu'un événement vous remplit d'excitation et que vous vous sentez transporté, emparez-vous de cette énergie et imaginez votre rêve.*

LE POUVOIR
ET L'ARGENT

« Celui qui se sent pauvre est pauvre. »

Ralph Waldo Emerson (1803-1882)

AUTEUR TRANSCENDANTALISTE

Quels sont vos sentiments à l'égard de l'argent ? La majorité des gens diraient qu'ils aiment l'argent, mais que s'ils n'en ont pas assez, ils se sentent vraiment mal. Si une personne a tout l'argent dont elle a besoin, ses sentiments à son égard sont certainement positifs. Donc, vous pouvez aisément évaluer les sentiments que vous entretenez à l'égard de l'argent, car si vous n'en avez pas suffisamment, ces derniers sont négatifs.

Si vous regardez autour de vous, vous constaterez que, partout dans le monde, la majorité des gens n'entretiennent pas de sentiments positifs à l'égard de l'argent, parce que la plus grande partie de l'argent et des richesses de ce monde appartient à environ 10 pour cent de la population. La seule chose qui distingue les gens riches de tous les autres, c'est qu'ils entretiennent davantage de bons sentiments que de mauvais sentiments à l'égard de l'argent. C'est aussi simple que cela.

Pourquoi autant de gens ont-ils des sentiments négatifs lorsqu'ils pensent à l'argent ? Ce n'est pas parce qu'ils n'en ont jamais eu, car la majorité des gens riches sont partis de zéro. Si tant de gens ont des sentiments négatifs, c'est parce qu'ils ont des croyances négatives, et ces croyances ont été semées dans leur subconscient alors qu'ils n'étaient encore que des enfants. Des croyances telles que : « C'est au-dessus de nos moyens », « L'argent est la source de tous les maux », « Les gens riches sont nécessairement malhonnêtes », « Il est mal de vouloir de l'argent et ce n'est pas spirituel », « Il faut travailler dur pour avoir beaucoup d'argent ».

Lorsque vous n'étiez qu'un enfant, vous acceptiez pratiquement tout ce que vous disaient vos parents, vos professeurs ou la société. Et sans vous en rendre compte, vous avez grandi avec des sentiments négatifs à l'égard de l'argent. Ce qui est ironique, c'est qu'en même temps qu'on vous dit qu'il est mal de vouloir de l'argent, on ne cesse de vous répéter que vous devez gagner votre vie, même si cela signifie effectuer un travail qui ne vous plaît pas. On vous a peut-être même dit que seuls certains types d'emplois vous convenaient, et c'est donc limitatif.

Rien de cela n'est vrai. Les gens qui vous ont inculqué ces valeurs ne sont pas coupables, car ils n'ont fait que vous transmettre leurs propres croyances en pensant qu'elles étaient vraies, mais à cause de leurs convictions, la loi de l'attraction les a concrétisées dans leur vie. Vous savez maintenant que la vie fonctionne d'une façon complètement différente. Si vous manquez d'argent, c'est parce que vous entretenez davantage de mauvais sentiments que de bons sentiments à l'égard de l'argent.

> *« Quand vous réalisez que rien ne manque, le monde entier vous appartient. »*
>
> Lao-Tseu (VERS LE 6E SIÈCLE AV. J.-C.)
>
> FONDATEUR DU TAOÏSME

L'amour agit tel un adhésif

Je viens d'un milieu modeste, et même si mes parents ne souhaitaient pas avoir beaucoup d'argent, ils avaient tout de même de la difficulté à boucler les fins de mois. J'ai donc grandi avec les mêmes sentiments négatifs à l'égard de l'argent que la plupart des gens. Je savais que je devais changer ces sentiments pour changer ma vie, et je savais que je devais changer moi-même du tout au tout pour que l'argent non seulement vienne à moi, mais demeure avec moi!

Je voyais bien que les gens qui avaient de l'argent l'attiraient à eux, mais qu'ils faisaient également en sorte de le garder auprès d'eux. Si vous preniez tout l'argent du monde et le distribuiez également parmi toute la population, cet argent reviendrait en très peu de temps entre les mains d'un petit pourcentage de gens, car la loi de l'attraction doit suivre l'amour, et les quelques personnes qui entretiennent de bons sentiments à l'égard de l'argent l'attireraient de nouveau

à elles. La force de l'amour régit les mouvements de l'argent et des richesses de ce monde, et elle le fait en fonction de la loi de l'amour.

> *« Il s'agit d'un principe éternel et fondamental qui est inhérent à toutes choses, dans toute doctrine, philosophique, dans toute religion et dans toute science. On ne peut échapper à la loi de l'amour. »*
>
> Charles Haanel (1866-1949)
>
> AUTEUR, ÉCOLE DE LA PENSÉE NOUVELLE

On peut voir la loi de l'attraction à l'œuvre lorsque des gens gagnent à la loterie. Ils imaginent et sentent de tout leur cœur qu'ils vont gagner. Ils parlent du jour *où* ils gagneront, et non d'un gain *possible*, et ils planifient et imaginent ce qu'ils feront *quand* ils gagneront. Et ils gagnent ! Mais les statistiques portant sur les gens qui gagnent à la loterie sont révélatrices. En l'espace de quelques années, la majorité d'entre eux ont tout perdu et ont davantage de dettes qu'auparavant.

Cela s'explique par le fait qu'ils ont utilisé la loi de l'attraction pour gagner à la loterie, mais que lorsqu'ils ont touché l'argent, ils n'ont pas modifié les sentiments qu'ils entretenaient à son égard, et ils ont tout perdu. L'argent n'est pas resté avec eux !

Lorsque vous avez des sentiments négatifs à l'égard de l'argent, vous le repoussez. Il ne restera jamais avec vous.

Même si vous recevez une somme imprévue, elle vous glissera rapidement entre les doigts. Vous recevrez de plus grosses factures, des appareils tomberont en panne, et des imprévus de toutes sortes se produiront, et tout cela vous coûtera de l'argent et videra vos poches.

Alors que faire pour que l'argent reste avec vous ? Aimer ! L'amour est la force qui attire l'argent, et l'amour est également le pouvoir qui fait que l'argent ne vous quitte plus ! Cela n'a rien à voir avec le fait que vous êtes une bonne personne ou non. Cela n'a aucune importance, car vous êtes beaucoup plus magnifique que vous ne le réalisez.

Vous devez donner de l'amour et nourrir de bons sentiments à l'égard de l'argent pour l'attirer à vous et le conserver. Si vous manquez d'argent en ce moment et que vos dettes ne cessent d'augmenter, c'est que vous n'exercez pas ce pouvoir d'adhérence et que vous repoussez l'argent.

Votre situation financière actuelle n'a pas d'importance. La situation financière de votre entreprise, de votre pays ou du monde n'a pas d'importance. Les situations désespérées n'existent pas. Pendant la Crise de 1929, il y a des gens qui ont prospéré parce qu'ils connaissaient la loi de l'amour et la loi de l'attraction. Ils ont vécu selon ces lois en imaginant et en sentant tout ce qu'ils désiraient, et ils ont mis au défi les circonstances qui les entouraient.

« Menons une vie bonne et les temps seront bons. Nous façonnons notre époque; car tels que nous sommes, tels sont les temps. »

Saint Augustin d'Hippone (354-430)
THÉOLOGIEN ET ÉVÊQUE

La force de l'amour peut faire tomber tous les obstacles ou retourner toutes les situations. Les problèmes du monde ne constituent pas une barrière pour la force de l'amour. La loi de l'attraction agit avec la même puissance quelle que soit la conjoncture.

Comment changer la façon dont vous vous sentez à l'égard de l'argent

Lorsque vous changez la façon dont vous vous sentez à l'égard de l'argent, la quantité d'argent qui circule dans votre vie changera. Mieux vous vous sentez par rapport à l'argent, plus vous en attirez.

Si vous n'avez pas beaucoup d'argent, vous ne vous sentez pas bien lorsque vous recevez des factures. Mais dès que vous réagissez négativement devant une grosse facture, vous émettez de mauvais sentiments, et vous recevrez certainement des factures encore plus élevées. Tout ce que vous donnez, vous le recevez en retour. Lorsque vous payez vos factures, il est primordial de trouver un moyen, n'importe lequel, de vous sentir bien. Ne payez jamais vos factures lorsque vous vous sentez mal, car vous en attirerez ainsi de plus grosses.

Pour changer la façon dont vous vous sentez, vous devez vous servir de votre imagination et voir dans vos factures quelque chose qui vous apporte un sentiment de bien-être. Vous pouvez imaginer que ce ne sont pas réellement des factures, mais que vous avez plutôt décidé de faire un don du fond du cœur à chaque entreprise ou personne qui vous les a adressées, en remerciement du merveilleux service qu'elle vous a rendu.

Imaginez que vos factures sont des chèques que vous recevez. Ou éprouvez de la gratitude et remerciez l'entreprise qui vous les a envoyées en pensant à quel point vous avez profité de ses services – en ayant de l'électricité ou un toit sur la tête. Vous pouvez inscrire sur la facture que vous payez : « Merci – payée ». Si vous n'avez pas l'argent nécessaire pour payer immédiatement une facture, inscrivez-y : « Merci pour l'argent ». La loi de l'attraction ignore si ce que vous imaginez et sentez est réel ou non. Elle réagit à ce que vous donnez, point final.

> ***« Nous ne sommes pas récompensés selon nos réalisations, mais selon la mesure de notre amour. »***
>
> Sainte Catherine de Sienne (1347-1380)
>
> PHILOSOPHE ET THÉOLOGIENNE CATHOLIQUE

Lorsque vous recevez votre salaire, soyez reconnaissant afin qu'il se multiplie ! La plupart des gens ne se sentent pas bien lorsqu'ils sont payés, car ils s'inquiètent de la façon dont ils feront durer cet argent. Ils ratent une occasion incroyable de donner de l'amour chaque fois qu'ils touchent leur salaire. Lorsque de l'argent entre dans vos poches, peu importe le montant, éprouvez de la gratitude ! Rappelez-vous que tout ce pour quoi vous êtes reconnaissant se multiplie. La gratitude est le grand multiplicateur !

Saisissez toutes les occasions de jouer

Profitez de chaque instant où vous avez de l'argent entre les mains pour vous sentir bien et l'amener à se multiplier. Ressentez de l'amour lorsque vous payez quoi que ce soit! Ressentez de l'amour lorsque vous donnez de l'argent! Ressentez sincèrement de l'amour en imaginant comment votre argent aide une entreprise et son personnel. Ainsi, vous vous sentirez bien à l'égard de l'argent que vous donnez au lieu de vous sentir mal parce que vous en avez moins. La différence entre ces deux attitudes est la même qu'entre avoir beaucoup d'argent et avoir à se débattre avec des difficultés financières pendant le reste de votre vie.

Voici un jeu pour vous aider à vous souvenir de vous sentir bien à l'égard de l'argent chaque fois que vous en manipulez. Imaginez un billet d'un dollar. Imaginez que le recto de ce billet en est le côté positif, et donc qu'il représente beaucoup d'argent. Imaginez que le verso de ce billet en est le côté négatif et qu'il représente un manque d'argent. Chaque fois que vous manipulez de l'argent, tournez délibérément les billets de manière à ce que le recto soit face à vous. Disposez les billets dans votre porte-monnaie en en plaçant le côté recto devant. Lorsque vous tendez de l'argent à quelqu'un, veillez à ce que le côté recto soit face vers le haut. Ainsi, ce sera chaque fois un signal pour vous souvenir de vous sentir bien à l'égard de l'argent.

Si vous utilisez votre carte de crédit, tournez la carte de manière à voir votre nom, car le côté recto vous dit qu'il y a abondance d'argent et que votre nom y est inscrit!

Lorsque vous payez quelque chose et que vous tendez de l'argent ou votre carte de crédit, imaginez que vous offrez beaucoup d'argent à cette personne, et soyez sincère. Tout ce que vous donnez, vous le recevrez en retour!

Imaginez que vous êtes riche actuellement. Imaginez que vous avez dès aujourd'hui tout l'argent dont vous avez besoin. En quoi votre vie serait-elle différente ? Pensez à toutes les choses que vous feriez. Comment vous sentiriez-vous ? Vous vous sentiriez différent et, à cause de cela, vous marcheriez différemment. Vous parleriez différemment. Vous adopteriez une posture différente et une façon différente de vous mouvoir. Vous réagiriez différemment dans toutes les situations. Votre réaction en recevant une facture serait différente. Votre réaction envers les gens, les circonstances, les événements et tout ce qui se produirait dans votre vie serait différente. Parce que vous vous *sentiriez* différent ! Vous seriez détendu. Vous seriez serein en tout temps. Vous apprécieriez chaque journée, sans jamais penser au lendemain. C'est de ce sentiment que vous voulez être habité. C'est un sentiment d'amour, et ce sentiment agit comme un aimant !

« Faites vôtre le sentiment associé à un désir comblé en imaginant ce que vous ressentiriez si vous possédiez déjà ce que vous voulez, et ce désir se concrétisera. »

Neville Goddard (1905-1972)

AUTEUR, ÉCOLE DE LA PENSÉE NOUVELLE

Dites oui à l'argent

Chaque fois que vous entendez parler d'une personne qui a plus d'argent ou de succès que vous, souvenez-vous de vous sentir excité pour elle, car cela vous mettra sur la même fréquence ! Il est évident qu'il s'agit d'une bonne fréquence, alors éprouvez de l'excitation comme si cela vous arrivait à vous, car la façon dont vous réagissez à cette nouvelle est tout. Si vous réagissez avec joie et excitation en pensant à l'autre personne, vous dites *oui* à davantage d'argent et de succès pour vous-même. Si vous réagissez en vous sentant déçu ou envieux parce que cela ne vous arrive pas à vous, vos mauvais sentiments disent *non* à davantage d'argent et de succès pour vous-même. Si vous entendez dire qu'une personne a gagné à la loterie, ou qu'une entreprise a réalisé des profits records, soyez excité et heureux pour elle. Le fait que vous en ayez entendu parler signifie que vous êtes sur la même fréquence, et votre réaction lorsque vous éprouvez de bons sentiments dit *oui* à des circonstances similaires pour vous-même !

Il y a quelques années, je n'avais plus un sou en poche. J'avais plusieurs cartes de crédit au solde impayé, mon appartement était hypothéqué au maximum, et mon entreprise était endettée de plusieurs millions de dollars parce que je réalisais un film intitulé *Le Secret*. J'estimais que ma situation financière n'aurait pas pu être pire. J'avais besoin de ressources pour terminer mon film, je connaissais la loi de l'attraction, et je savais que je devais me sentir bien à l'égard de l'argent afin d'en attirer à moi. Mais ce n'était pas facile, car j'étais chaque jour aux prises avec des dettes qui ne cessaient de croître et avec des appels de mes créanciers, et je n'avais aucune idée de la façon dont j'arriverais à verser leur salaire à mes employés. J'ai dû prendre des mesures draconiennes.

J'ai marché jusqu'à un distributeur automatique de billets et j'ai retiré plusieurs centaines de dollars de mon compte. J'avais désespérément besoin de cet argent pour payer des factures et acheter de la nourriture, mais je l'ai pris et je me suis rendue dans une rue très passante et je l'ai distribué aux gens autour de moi.

Un billet de 50 $ à la main, je marchais et je scrutais le visage des gens que je croisais, tentant de décider à qui donner l'argent. J'aurais voulu en offrir à tout le monde, mais je n'avais qu'une certaine somme. J'ai laissé mon cœur choisir et j'ai donné de l'argent à toutes sortes de gens. C'était la première fois de ma vie que je ressentais de l'amour en pensant à l'argent. Mais ce n'était pas l'argent lui-même qui faisait naître ce sentiment en moi, c'était le fait de le donner à d'autres. C'était un vendredi, et des larmes de joie me sont montées aux yeux pendant tout le week-end qui a suivi tellement je me sentais bien d'avoir accompli ce geste.

Le lundi après-midi, quelque chose d'étonnant est arrivé : une somme de 25 000 $ est apparue sur mon compte bancaire à la suite d'une série d'événements des plus incroyables. Ces 25 000 $ sont littéralement tombés du ciel pour atterrir dans ma vie et sur mon compte. J'avais acheté quelques actions de l'entreprise d'un ami quelques années auparavant, et je les avais complètement oubliées parce que leur valeur n'avait jamais augmenté. Mais ce lundi matin-là, quelqu'un m'a téléphoné pour me demander si je souhaitais vendre ces actions, car leur valeur venait de monter en flèche. Et l'après-midi de ce même lundi, l'argent était sur mon compte.

Je n'avais pas donné de l'argent dans le but d'en attirer davantage dans ma vie. Je l'avais fait pour ressentir de l'amour envers l'argent. Je voulais changer un mauvais sentiment que j'avais entretenu pendant toute ma vie. Si j'avais donné de l'argent dans le but d'obtenir de l'argent, cela n'aurait jamais fonctionné, car cela aurait signifié que j'étais motivée par un manque d'argent, ce qui est négatif, au lieu d'être motivée par l'amour. Mais si vous donnez de l'argent, si vous ressentez de l'amour en le donnant, il vous reviendra assurément. Un homme a signé un chèque et donné 100 $ à une œuvre de charité qu'il estimait fort utile. Et moins de 10 heures plus tard, il a conclu au travail la plus grosse transaction de vente de sa vie.

> *« Ce qui compte, ce n'est pas ce que l'on donne, mais l'amour avec lequel on donne. »*
>
> *Mère Teresa* (1910-1997)
>
> MISSIONNAIRE – PRIX NOBEL DE LA PAIX

Si vous vous débattez avec des difficultés financières et voulez vous sentir réellement bien vis-à-vis de l'argent, vous pouvez envoyer des pensées d'abondance aux gens que vous croisez dans la rue pendant la journée. Regardez-les en face et imaginez que vous leur donnez beaucoup d'argent, et imaginez leur joie. Sentez cette joie, et puis faites la même chose avec un autre passant. C'est simple, mais si vous la sentez vraiment, cela changera vos sentiments à l'égard de l'argent, et cela changera les circonstances relatives à celui-ci dans votre vie.

La carrière et les affaires

> *« Il n'y a pas de véritable génie sans cœur – car ni la compréhension seule, ni l'intelligence seule, ni leur combinaison ne forment le génie. L'amour ! L'amour ! L'amour ! Voilà l'âme du génie. »*
>
> *Nikolaus Joseph von Jacquin* (1727-1817)
>
> SCIENTIFIQUE NÉERLANDAIS

C'est la force d'attraction de l'amour qui régit les mouvements de l'argent dans le monde, et quiconque donne de l'amour en se sentant bien devient un aimant qui attire l'argent. Il n'est pas nécessaire que vous gagniez de l'argent pour faire vos preuves. Vous êtes digne de tout l'argent dont vous avez besoin maintenant! Vous méritez tout l'argent dont vous avez besoin maintenant! Vous êtes destiné à travailler pour le plaisir de travailler. Vous êtes destiné à travailler parce que cela vous transporte et vous excite. Vous êtes destiné à travailler parce que vous adorez ça! Et lorsque vous aimez ce que vous faites, l'argent suit!

Si vous occupez un emploi parce que vous croyez que c'est la seule façon de gagner de l'argent et que vous n'aimez pas ce que vous faites, vous n'attirerez jamais l'argent que vous souhaitez, ni l'emploi de vos rêves. Le travail que vous aimez existe déjà maintenant et il suffit de donner de l'amour pour l'attirer dans votre vie. Imaginez et sentez que vous avez déjà cet emploi et vous l'aurez. Cherchez tous les aspects positifs de votre emploi actuel et aimez-les, car lorsque vous donnez de l'amour, tout ce que vous aimez suit. L'emploi de vos rêves entrera dans votre vie!

Un homme qui était au chômage a posé sa candidature à un poste qu'il avait toujours souhaité occuper. Ensuite, il a rédigé une lettre d'offre d'emploi, prétendant qu'elle provenait de l'entreprise où il voulait entrer et qui spécifiait son salaire et sa description de tâches. Il a créé une carte professionnelle sur laquelle figuraient son nom et le logo de l'entreprise, et il l'a regardée souvent en se disant reconnaissant de travailler pour cette entreprise. Il s'est envoyé des courriels de félicitations à quelques jours d'intervalle.

Cet homme a ensuite passé une entrevue téléphonique et puis a eu une rencontre avec dix personnes. Deux heures après ces entrevues, il a reçu un appel et il apprenait qu'il était embauché. Cet homme a trouvé l'emploi qu'il avait toujours voulu, assorti d'un salaire supérieur à celui qu'il avait inscrit dans sa lettre imaginaire.

Même si vous ne savez pas ce que vous voulez faire dans la vie, il suffit de donner de l'amour en éprouvant de bons sentiments, et vous attirerez comme un aimant tout ce que vous aimez. Cet amour vous guidera vers votre but dans la vie. L'emploi de vos rêves se trouve sur la fréquence de l'amour et, pour l'obtenir, vous n'avez qu'à vous mettre en synchronisme avec cette fréquence.

> ***« Le succès n'est pas la clé du bonheur. Le bonheur est la clé du succès. »***
>
> Albert Schweitzer (1875-1965)
>
> MÉDECIN MISSIONNAIRE ET PHILOSOPHE – PRIX NOBEL DE LA PAIX

La réussite en affaires repose sur le même principe. Si vous êtes le propriétaire d'une entreprise qui ne réussit pas aussi bien que vous le souhaitez, c'est qu'il y a quelque chose dans

votre entreprise qui n'attire pas le succès. La cause première des échecs en affaires se résume à de mauvais sentiments à propos d'une absence de réussite. Même si l'entreprise a toujours été florissante, si vous réagissez en éprouvant de mauvais sentiments au moindre revers, vous engagerez votre entreprise dans une phase descendante encore plus marquée. Toutes les inspirations et les idées qui peuvent propulser votre entreprise vers des sommets que vous pouvez à peine imaginer se trouvent sur la fréquence de l'amour, et vous devez donc trouver des moyens de vous sentir bien à propos de votre entreprise et vous mettre en synchronisme avec la fréquence la plus élevée possible.

Imaginez, jouez et créez des jeux, faites tout ce que vous pouvez pour vous remonter le moral et vous sentir bien. Lorsque vous accentuez vos bons sentiments, vous donnez un élan à votre entreprise. Dans chaque domaine de votre vie, chaque jour, aimez tout ce que vous voyez, aimez tout ce qui vous entoure, et aimez la réussite des autres entreprises comme si c'était vous qui aviez réussi! Si vous vous sentez vraiment bien à l'égard du succès, peu importe à qui il appartient, vous attirerez le succès à vous!

En affaires comme au travail, assurez-vous de *donner* une somme d'argent équivalant à celle que vous *recevez* sous forme de profits ou de salaire. Si vous donnez moins d'argent que vous n'en recevez, votre entreprise ou votre carrière sera vouée à l'échec. Dans la vie, vous ne pouvez tout simplement pas prendre l'argent des autres, car ce serait vous l'enlever à vous-même. Donnez toujours l'équivalent de ce que vous recevez. Et la seule façon d'être sûr de le faire consiste à donner *plus* que ce que vous recevez. Si vous donnez une somme supérieure à celle que vous recevez, votre entreprise et votre carrière prendront leur envol.

L'amour offre des moyens illimités de recevoir

L'argent n'est qu'un outil qui vous permet d'acquérir ce que vous aimez dans la vie. Lorsque vous pensez aux choses que vous pouvez faire avec de l'argent, vous éprouvez davantage d'amour et de joie que lorsque vous pensez à l'argent seul. Imaginez que vous êtes ce que vous aimez, que vous faites ce que vous aimez et que vous avez toutes les choses que vous aimez, car vous éprouverez alors davantage d'amour que si vous ne pensiez qu'à l'argent.

La force d'attraction de l'amour offre des moyens illimités de recevoir ce que vous souhaitez, et l'argent n'est qu'un d'entre eux. Ne faites pas l'erreur de penser que l'argent est le seul moyen d'obtenir quelque chose. C'est une pensée étroite et vous limiterez votre vie!

Ma sœur a attiré une nouvelle voiture dans sa vie grâce à une séquence d'événements plutôt rocambolesques. Elle se rendait au travail lorsque la route a été soudain inondée et que sa voiture s'est arrêtée dans l'eau. Un secouriste a insisté pour la conduire sur la terre ferme même si le niveau de l'eau n'était pas dangereusement élevé. Elle a ri de sa mésaventure et son sauvetage est même passé aux nouvelles télévisées du soir. La voiture de ma sœur a été irrémédiablement endommagée par l'eau, et en l'espace de deux semaines, elle a reçu un chèque important et a pu acheter la voiture de ses rêves.

Le plus merveilleux dans cette histoire, c'est que ma sœur rénovait sa maison à cette époque et qu'elle n'avait pas les moyens d'acheter une nouvelle voiture. Elle n'avait même pas imaginé posséder une nouvelle voiture. Elle avait attiré à elle ce magnifique véhicule parce qu'elle avait pleuré de joie lorsqu'elle avait appris que l'une de nos sœurs venait d'acquérir un nouveau véhicule. Elle était si heureuse et avait donné tant d'amour que la loi de l'attraction a mis en marche tous les éléments, circonstances et événements nécessaires pour lui offrir à elle aussi une nouvelle voiture. Tel est le pouvoir de l'amour !

Vous ne saurez pas comment vous recevrez ce que vous voulez tant que vous ne l'aurez pas reçu, mais la force de l'amour le sait. Ne vous faites pas ombrage et ayez la foi. Imaginez ce que vous voulez, sentez le bonheur vibrer en vous, et la force d'attraction de l'amour trouvera le moyen idéal de vous l'offrir. L'esprit humain est limité, mais l'intelligence de l'amour est illimitée. Les moyens qu'elle utilise dépassent notre entendement. Ne limitez pas votre vie en pensant que l'argent est le seul moyen d'obtenir ce que vous voulez. Ne faites pas de l'argent votre seul but, mais tendez plutôt vers ce que vous voulez être, faire ou avoir. Si vous voulez une nouvelle maison, imaginez et sentez la joie d'y vivre. Si vous voulez de magnifiques vêtements, des appareils ou une voiture, si vous souhaitez aller à l'université, déménager dans un autre pays, apprendre la musique, devenir un acteur ou un athlète – imaginez-le! Tout cela viendra alors à vous en empruntant l'une ou l'autre des voies illimitées.

Les règles de l'amour

Il y a une règle avec l'argent : vous ne devez jamais le faire passer avant l'amour. Si vous le faites, vous violez la loi de l'attraction de l'amour, et vous en subirez les conséquences. L'amour doit être la force dirigeante dans votre vie. Rien ne doit passer avant l'amour. L'argent est un outil qui est mis à votre disposition et vous l'attirerez à vous grâce à l'amour, mais si vous le faites passer avant l'amour dans votre vie, vous recevrez de nombreuses choses négatives en retour. Vous ne pouvez pas éprouver de l'amour à l'égard de l'argent et puis vous retourner et vous montrer désagréable et négatif avec les gens, car si vous le faites, vous ouvrez la porte à la négativité et elle aura alors un impact sur vos relations, votre santé, votre bonheur et votre situation financière.

> *« Si vous avez besoin d'amour, essayez de comprendre que la seule façon d'être aimé est d'aimer, que plus vous donnez, plus vous recevez, et que la seule façon de donner de l'amour est de vous en gorger, jusqu'à ce que vous deveniez un aimant. »*
>
> Charles Haanel (1866-1949)
>
> AUTEUR, ÉCOLE DE LA PENSÉE NOUVELLE

Vous êtes destiné à avoir l'argent dont vous avez besoin pour vivre une vie épanouie. Vous n'êtes pas destiné à souffrir d'un manque d'argent, car la souffrance ajoute de la négativité dans le monde. La beauté de la vie, c'est que lorsque vous faites passer l'amour avant tout, tout l'argent dont vous avez besoin pour vivre une vie exceptionnelle vient à vous.

LE POUVOIR EN BREF

- *C'est la force d'attraction de l'amour qui régit les mouvements de l'argent dans le monde, et quiconque donne de l'amour en se sentant bien devient un aimant qui attire l'argent.*

- *Vous pouvez aisément évaluer les sentiments que vous entretenez à l'égard de l'argent, car si vous n'en avez pas suffisamment, ces derniers sont négatifs.*

- *L'amour est la force qui attire l'argent, et l'amour est également le pouvoir qui fait que l'argent ne vous quitte plus !*

- *Lorsque vous payez vos factures, il est primordial de trouver un moyen, n'importe lequel, de vous sentir bien. Imaginez que vos factures sont des chèques que vous recevez. Ou éprouvez de la gratitude et remerciez l'entreprise qui vous les a envoyées.*

- *Lorsque de l'argent entre dans vos poches, peu importe le montant, éprouvez de la gratitude! Rappelez-vous que la gratitude est le grand multiplicateur.*

- *Ressentez de l'amour lorsque vous payez quelque chose au lieu de vous sentir mal parce que vous avez moins d'argent. La différence entre ces deux attitudes est la même qu'entre avoir beaucoup d'argent et avoir à se débattre avec des difficultés financières pendant le reste de votre vie.*

- *Voyez dans un billet de banque un signal pour vous souvenir de vous sentir bien à l'égard de l'argent. Imaginez que le recto de ce billet en est le côté positif, et donc qu'il représente beaucoup d'argent. Chaque fois que vous manipulez de l'argent, tournez délibérément les billets de manière à ce que le recto soit face à vous.*

- *Si vous vous sentez vraiment bien à l'égard du succès, peu importe à qui il appartient, vous attirerez le succès à vous !*

- *Donnez en valeur équivalente à l'argent que vous recevez en profits ou salaire. Si vous donnez plus que l'argent que vous recevez, votre entreprise et votre carrière prendront leur envol.*

- *L'argent n'est qu'un outil qui vous permet d'acquérir ce que vous aimez dans la vie. La force d'attraction de l'amour offre des moyens illimités de recevoir ce que vous souhaitez, et un seul d'entre eux a trait à l'argent.*

- *Imaginez que vous êtes ce que vous aimez, que vous faites ce que vous aimez et que vous avez toutes les choses que vous aimez, car vous éprouverez alors davantage d'amour que si vous ne pensiez qu'à l'argent.*

- *La beauté de la vie, c'est que lorsque vous faites passer l'amour avant tout, tout l'argent dont vous avez besoin pour vivre une vie exceptionnelle vient à vous.*

LE POUVOIR ET LES RELATIONS

« Accordez à chaque personne, que votre lien avec elle soit banal ou fort, tout le soin, la gentillesse, la compréhension et l'amour que vous pouvez, sans espérer de récompense. Votre vie ne sera plus jamais la même. »

Og Mandino (1923-1996)

AUTEUR

Le don de l'amour est la loi qui s'applique à tout dans votre vie. Et le don de l'amour est la loi des relations. La force de l'amour ne se soucie pas que vous connaissiez ou non l'autre personne, que ce soit un ami ou un adversaire, un être cher ou un parfait inconnu. La force de l'amour ne se soucie pas que vous soyez en face d'un collègue, de votre patron, d'un membre de votre famille, d'un enfant, d'un étudiant ou d'un préposé dans un magasin. Vous donnez de l'amour ou vous n'en donnez pas à chaque personne avec qui vous entrez en contact. Et ce que vous donnez, vous le recevez.

Les relations sont le plus grand vecteur dont vous disposez pour donner de l'amour, et vous pouvez donc changer votre vie tout entière grâce à l'amour que vous donnez dans le cadre de vos relations. En même temps, cependant, ces relations peuvent causer votre perte, car elles sont souvent la meilleure excuse que vous trouvez pour ne *pas* donner d'amour !

Ce que vous donnez aux autres, vous le donnez à vous-même

Tout au long de l'histoire, les gens les plus éclairés nous ont dit d'aimer les autres. On ne vous a pas dit de le faire uniquement pour être une bonne personne. On vous a confié le secret de la vie ! On vous a offert la loi de l'attraction ! Si vous aimez les autres, *vous* aurez une vie exceptionnelle. Si vous aimez les autres, *vous* recevrez la vie que vous méritez.

> *« Car une seule formule contient toute la loi en sa plénitude : tu aimeras ton prochain comme toi-même. »*
>
> Saint Paul (VERS 5-67)
>
> APÔTRE CHRÉTIEN, DANS L'ÉPÎTRE AUX GALATES 5,14

Donnez de l'amour aux autres en leur témoignant de la gentillesse, des encouragements, du soutien, de la gratitude et tout autre bon sentiment, et cet amour vous reviendra et se multipliera dans tous les autres domaines de votre vie, y compris votre santé, vos finances, votre bonheur et votre carrière.

Donnez de la négativité aux autres en les critiquant et en leur témoignant de la colère, de l'impatience ou tout autre mauvais sentiment, et vous recevrez cette négativité en retour – c'est garanti! Et en revenant vers vous, cette négativité se multipliera, attirant encore davantage de circonstances désagréables qui influeront sur le reste de votre vie.

Cela n'a rien à voir avec l'autre personne

Si vous examinez vos relations, vous serez en mesure de dire ce que vous avez donné. Si vous avez une relation merveilleuse avec quelqu'un, cela signifie que vous lui avez donné plus d'amour que de négativité. Et si la relation est difficile et problématique, c'est que vous avez par inadvertance donné plus de négativité que d'amour à l'autre.

Il y a des gens qui pensent qu'une relation est bonne ou mauvaise à cause de l'autre personne, mais cela ne fonctionne pas ainsi dans la vie. Vous ne pouvez pas dire à la force de l'amour : «Je donnerai de l'amour uniquement quand l'autre m'en donnera ! » Vous ne pouvez rien recevoir avant d'avoir donné vous-même ! Quoi que vous donniez, vous le recevez. Cela n'a donc rien à voir avec l'autre personne, mais avec vous ! Tout a trait à ce que vous donnez et ressentez.

Vous pouvez changer n'importe quelle relation dès maintenant en cherchant chez l'autre ce que vous aimez et appréciez, et ce pour quoi vous lui êtes reconnaissant. Lorsque vous faites délibérément l'effort de reconnaître ce que vous aimez le plus chez l'autre, sans chercher à remarquer ce qui est négatif, un miracle se produit. Vous aurez l'impression qu'une chose incroyable est arrivée à l'autre personne. Cependant, c'est la force de l'amour qui est incroyable, car elle fait disparaître la négativité, même dans les relations. Il suffit que vous mettiez à votre service la force de l'amour en cherchant chez l'autre les choses que vous aimez, et votre relation changera du tout au tout !

J'ai entendu parler de centaines de relations qui ont retrouvé l'harmonie grâce au pouvoir de l'amour, mais l'histoire d'une femme qui a utilisé ce pouvoir pour sauver son mariage à la dérive se démarque tout particulièrement. Cette femme n'était plus amoureuse de son mari. En fait, elle pouvait à peine supporter sa présence. Il se plaignait chaque jour. Il était tout le temps malade. Il était déprimé et irritable, et il usait de violence verbale avec elle et leurs quatre enfants.

Lorsque cette femme a pris conscience du pouvoir du don d'amour, elle a décidé sur-le-champ de se sentir plus heureuse en dépit des problèmes que connaissait son couple. À la maison, l'atmosphère s'en est immédiatement trouvée allégée, et les relations de la femme avec ses enfants se sont améliorées. Elle a ensuite feuilleté ses albums de photos et a contemplé des clichés de son mari au début de leur mariage. Elle en a choisi quelques-uns et les a posés sur son bureau et les a regardés chaque jour. Et puis, quelque chose d'étonnant est arrivé. Elle a senti renaître en elle l'amour qu'elle avait déjà eu pour son mari, et puis cet amour a grandi de façon extraordinaire. Et bientôt, elle s'est mise à aimer son mari comme elle ne l'avait jamais aimé de toute sa vie. Son amour est devenu si grand que l'état dépressif et la colère de son mari ont disparu et que sa santé s'est améliorée. Leur union a retrouvé son harmonie, et mari et femme n'aspirent plus maintenant qu'à passer le plus de temps ensemble.

L'amour, c'est la liberté

Mais ce don d'amour dans les relations est un peu délicat, et c'est ce qui a privé beaucoup de gens de la vie qu'ils méritaient. C'est délicat uniquement parce que les gens ne comprennent pas toujours ce que signifie donner de l'amour aux autres. Et pour bien comprendre ce que cela signifie de donner de l'amour aux autres, vous devez comprendre ce que c'est de *ne pas* donner d'amour.

Tenter de changer une autre personne n'est *pas* donner de l'amour ! Croire que vous savez ce qu'il y a de mieux pour quelqu'un d'autre n'est *pas* donner de l'amour ! Croire que vous avez raison et que l'autre a tort n'est *pas* donner de l'amour ! Critiquer, blâmer, se plaindre, harceler ou faire des reproches n'est *pas* donner de l'amour !

« Jamais la haine n'éteint les haines en ce monde. Par l'amour seul, les haines sont éteintes. C'est une loi éternelle. »

Gautama Bouddha (563-483 AV. J.-C.)

FONDATEUR DU BOUDDHISME

Je veux vous raconter une histoire qui démontre le soin que nous devons apporter à nos relations. Une femme avait quitté son mari et avait pris leurs enfants avec elle. L'homme était dévasté; il blâmait sa femme et refusait d'accepter sa décision. Il lui téléphonait sans cesse, déterminé à tout pour la faire changer d'avis. Il croyait peut-être agir par amour pour sa femme et sa famille, mais ses gestes n'étaient pas dictés par l'amour. Il reprochait à sa femme la fin de leur mariage. Il croyait qu'elle avait tort et qu'il avait raison. Il refusait d'admettre que sa femme avait fait un choix. Et parce qu'il ne cessait de la harceler, il a été arrêté et emprisonné.

L'homme a finalement réalisé qu'il ne donnait pas d'amour lorsqu'il refusait à sa femme la liberté de choisir ce qu'*elle* voulait et que, par conséquent, il perdait lui aussi *sa* liberté. La loi de l'attraction est la loi de l'amour et vous ne pouvez pas la violer. Si vous le faites, vous vous violez vous-même.

Je vous raconte cette histoire parce que la fin d'une relation intime est une grande épreuve pour certaines personnes. Vous ne pouvez pas refuser à quelqu'un le droit de choisir ce qu'il veut, car ce n'est pas donner de l'amour. C'est une pilule amère à avaler lorsque vous avez le cœur brisé, mais vous devez respecter le droit de libre choix de l'autre. Ce que vous donnez à une autre personne est exactement ce que vous recevrez vous-même, et lorsque vous refusez à quelqu'un la faculté de choisir, vous attirez dans votre vie des circonstances négatives qui vous priveront de votre propre liberté. Peut-être aurez-vous moins d'argent, des problèmes de santé ou des ennuis au travail, et tout cela aura un impact sur votre liberté. Le concept d' « autre personne » n'existe pas pour la loi de l'attraction. Ce que vous donnez aux autres, c'est à vous que vous le donnez.

Donner de l'amour aux autres ne signifie pas les laisser vous marcher sur les pieds ou abuser de vous de quelque façon que ce soit. Permettre à quelqu'un de se servir de vous n'aide en rien cette personne, et cela ne vous aide certainement pas non plus. L'amour est solide, et nous apprenons et grandissons grâce à sa loi, et dans le cadre de cet apprentissage, nous vivons des expériences. Ce n'est pas de l'amour que de permettre à une autre personne de nous utiliser ou d'abuser de nous. La solution est simple : mettez-vous en synchronisme avec la fréquence la plus élevée possible en éprouvant de bons sentiments, et la force de l'amour réglera la situation *pour* vous.

« Chaque fois que quelqu'un m'offense, j'essaie d'élever mon âme si haut que l'offense ne peut l'atteindre. »

René Descartes (1596-1650)

MATHÉMATICIEN ET PHILOSOPHE

Le secret des relations

La vie vous présente tout afin que vous choisissiez ce que vous aimez. Et ce don que vous fait la vie comprend toutes sortes de gens afin que vous puissiez choisir ce que vous aimez chez les autres et vous détourner de ce que vous n'aimez pas. Vous n'êtes pas destiné à « fabriquer » de l'amour pour les qualités que vous n'aimez pas chez une personne, mais tout simplement à en faire abstraction en n'éprouvant pour elles aucun sentiment.

Se détourner de ce qu'on n'aime pas chez quelqu'un, c'est demeurer serein et savoir que la vie nous donne le choix. Cela ne veut pas dire prouver à cette personne qu'elle a tort, la critiquer ou la blâmer, ou encore vouloir la faire changer parce que vous croyez avoir raison. Car si vous le faisiez, vous ne donneriez pas d'amour – belle affaire !

« L'homme miséricordieux fait du bien à soi-même, mais un homme intraitable afflige sa propre chair. »

Le Roi Salomon (VERS LE 10E SIÈCLE AV. J.-C.)

ROI D'ISRAËL, DANS LE LIVRE DES PROVERBES, 11,17

Lorsque vous êtes en synchronisme avec la fréquence de l'amour, seules les personnes qui se trouvent sur la même fréquence que vous peuvent entrer dans votre vie.

Votre état d'âme varie selon les journées, vous vous sentez parfois vraiment heureux, parfois irrité et parfois triste. Vous pouvez incarner différentes versions de vous-même. Et la personne avec qui vous avez une relation peut également incarner de nombreuses versions d'elle-même : heureuse, irritée ou triste. Vous l'avez certainement vue sous ces différentes versions, mais il n'en demeure pas moins qu'elle est toujours la même personne. Lorsque vous êtes heureux, alors seule la version heureuse de l'autre personne peut entrer dans votre vie. Mais *vous* devez être heureux pour recevoir la version heureuse des autres !

Cela ne signifie pas que vous êtes responsable du bonheur des autres, car chaque individu est responsable de sa propre vie et de son propre bonheur. Cela signifie plutôt que vous n'avez rien d'autre à faire que de vous sentir heureux vous-même, et que la loi de l'attraction se chargera du reste.

« Le bonheur dépend de nous-mêmes. »

Aristote (384-322 AV. J.-C.)

PHILOSOPHE GREC ET HOMME DE SCIENCE

Des GEP

Une façon de désamorcer les relations conflictuelles ou difficiles consiste à imaginer que les gens sont vos « Guides émotionnels personnels » ! La force de l'amour vous fait faire la connaissance d'une multitude de GEP. Ils se présentent à vous comme des gens ordinaires, mais leur rôle est de vous enseigner à choisir l'amour !

Certaines personnes seront des GEP de l'amour plutôt indulgents, car ils exigeront peu de vous et seront très faciles à aimer. D'autres seront des GEP plus sévères, car ils vous pousseront jusqu'à vos limites, comme le font certains entraîneurs personnels de conditionnement physique, mais ce sont eux qui vous rendront plus fort et apte à choisir invariablement l'amour.

Les Guides émotionnels personnels peuvent avoir recours à toutes sortes de situations et de tactiques pour vous mettre au défi, mais il convient de se rappeler que chaque défi vous sera présenté afin que vous choisissiez l'amour et que vous vous détourniez de la négativité et du blâme. Certains guides pourront vous mettre au défi de les juger ou de juger les autres, mais ne tombez pas dans ce piège. Porter des jugements est négatif et ce n'est pas donner de l'amour. Donc, si vous êtes incapable d'aimer ce qui est bon chez quelqu'un ou quelque chose, détournez-vous simplement.

Certains guides pourront vous mettre à l'épreuve en suscitant chez vous des sentiments de vengeance, de colère ou de haine. Détournez-vous et ne vous attardez qu'à ce que vous aimez dans la vie. Certains guides arriveront même à faire naître en vous des sentiments de culpabilité, de médiocrité ou de peur. Ne tombez pas dans ces pièges, car la négativité sous quelque forme que ce soit n'est pas de l'amour.

> *« La haine paralyse la vie, l'amour la relâche.*
> *La haine bouleverse la vie, l'amour l'harmonise.*
> *La haine assombrit la vie, l'amour l'illumine. »*
>
> Martin Luther King Jr. (1929-1968)
> PASTEUR BAPTISTE
> ET MILITANT POUR LES DROITS CIVIQUES

Si vous imaginez que les gens dans votre vie sont vos GEP, cela vous aidera à gérer les relations difficiles. Les guides sévères vous rendent plus fort et déterminé à choisir invariablement l'amour, mais ils vous envoient également un message. Ils vous disent que vous êtes en synchronisme avec une fréquence négative – et que vous devez vous sentir mieux pour passer à une autre fréquence ! Personne ne peut entrer dans votre vie et avoir une influence négative sur vous à moins que vos sentiments ne soient sur une fréquence négative. Si vous êtes sur la fréquence de l'amour, personne n'aura ni ne pourra avoir une telle influence sur vous, aussi sévère ou négative soit cette personne !

Chaque individu ne fait que son travail, tout comme vous faites le vôtre en étant un Guide émotionnel personnel pour les autres. Il n'y a pas d'ennemis, il n'y a que de merveilleux GEP qui font de vous une personne merveilleuse.

La loi de l'attraction a des propriétés d'adhérence

La loi de l'attraction a des propriétés d'adhérence. Lorsque vous vous réjouissez de la bonne fortune de quelqu'un, sa chance adhère à votre être ! Lorsque vous admirez ou appréciez quelque chose chez quelqu'un, ces qualités adhèrent à votre être. Mais lorsque vous avez des pensées négatives à l'égard de quelqu'un ou discutez de choses négatives à propos de cette personne, vous faites entrer cette négativité dans votre propre vie.

La loi de l'attraction réagit à *vos* sentiments. Tout ce que vous donnez, vous le recevez, et si vous collez une étiquette à une personne, à une circonstance ou à un événement de la vie, c'est vous que vous jugez, et cela vous sera rendu.

Mais c'est là une nouvelle fantastique, parce que cela signifie que vous pouvez faire adhérer à votre être tout ce que vous aimez et voulez en cherchant les choses qui vous plaisent chez les autres, et en leur disant oui de tout cœur ! Le monde est votre catalogue, et lorsque vous réalisez quel est le pouvoir de votre amour, cela devient un travail à temps plein que de remarquer tout ce que vous aimez chez les autres. Et cela constitue le moyen le plus facile et le plus efficace pour changer votre vie tout entière. C'est de loin préférable à la lutte et à la souffrance. Il suffit de remarquer les choses que vous aimez chez les autres et de ne pas tenir compte de ce qui ne vous plaît pas, de manière à ne leur accorder aucun sentiment. N'est-ce pas que c'est facile ?

« En faisant le premier pas avec une bonne pensée, le deuxième avec une bonne parole, et le troisième avec une bonne action, je suis entré au Paradis. »

Le Livre d'Arda Viraf (VERS LE 6[E] SIÈCLE)
TEXTE RELIGIEUX ZOROASTRIEN

Les commérages vous collent également à la peau

Les commérages peuvent sembler inoffensifs de prime abord, mais ils peuvent également être la cause de nombreuses choses négatives dans la vie des gens. Faire des commérages n'est pas donner de l'amour. Vous dégagez alors de la négativité, et c'est exactement ce que vous recevrez en retour. Les cancans ne nuisent pas à la personne qui en fait l'objet, mais à ceux qui les font !

Lorsque vous parlez avec un membre de votre famille ou un ami, et qu'il vous raconte quelque chose de négatif à propos de ce que quelqu'un a dit ou fait, il fait des commérages et dégage de la négativité. En l'écoutant, vous dégagez également de la négativité parce que vous êtes un être de sentiments et que vous ne pouvez entendre de propos négatifs sans que votre humeur ne s'en ressente rapidement. Lorsque vous parlez avec un collègue pendant la pause-repas et que vous tenez tous deux des propos négatifs au sujet d'une autre personne, vous faites des potins et vous dégagez de la négativité. Vous ne pouvez pas parler négativement ou entendre des commentaires négatifs et éprouver en même temps de bons sentiments!

Il faut donc veiller à ne pas mettre notre nez dans les affaires des autres, car elles nous collent alors à la peau ! À moins de les vouloir dans votre vie, détournez-vous sans rien ressentir ! Vous vous rendrez non seulement service, mais vous rendrez service à tous ceux qui ne se rendent pas compte de l'impact négatif qu'ont les commérages sur leur vie.

Si vous vous surprenez à colporter des informations néfastes sur autrui ou à prêter l'oreille à des cancans, arrêtez-vous immédiatement et dites : « Mais je suis tellement reconnaissant envers... » et terminez votre phrase en formulant un commentaire positif à propos de la personne qui fait l'objet de ces commérages.

> *« Si un homme parle ou agit avec une pensée malsaine, la douleur le suit. Si un homme parle ou agit avec une pensée pure, le bonheur le suit, comme une ombre qui ne le quitte plus. »*

Gautama Bouddha (563-483 AV. J.-C.)

FONDATEUR DU BOUDDHISME

Réagir, c'est choisir

La vie vous présente des personnes et des circonstances afin que vous puissiez choisir ce que vous aimez et ce que vous n'aimez pas. Chaque fois que vous réagissez à quelque chose, vous réagissez avec vos sentiments, et ce faisant, vous choisissez cette chose ! Votre réaction, bonne ou mauvaise, influence vos choix, et vous dites ainsi que vous en voulez davantage ! Il est donc important de faire attention à la façon dont vous réagissez dans le cadre de vos relations, car les sentiments que vous éprouvez, bons ou mauvais, sont ce que vous dégagerez, et les événements qui se produiront dans votre vie viendront accentuer ces sentiments.

Si quelqu'un dit ou fait quelque chose et que cela vous bouleverse, vous offense ou vous met en colère, faites de votre mieux pour modifier sur-le-champ cette réaction négative. Le simple fait d'être conscient d'avoir réagi négativement enlève instantanément tout pouvoir aux sentiments négatifs et peut même les éliminer. Mais si vous sentez que ces sentiments négatifs ont mainmise sur vous, il vaut mieux vous éloigner et consacrer quelques minutes à vous pencher sur les choses que vous aimez, l'une après l'autre, jusqu'à ce que vous vous sentiez beaucoup mieux. Tournez-vous vers une chose que vous aimez – écoutez par exemple votre musique préférée –, imaginez les choses qui vous plaisent et faites quelque chose que vous adorez. Vous pouvez également penser aux qualités que vous aimez chez la personne qui vous a bouleversé. Cela peut relever du défi, mais si vous arrivez à le faire, vous constaterez qu'il n'y a pas moyen plus rapide de se sentir mieux. C'est également le moyen le plus rapide de devenir le maître de vos sentiments!!

> *« Un homme maître de lui peut se remettre d'un chagrin aussi facilement qu'il invente un plaisir. Je ne veux pas être à la merci de mes émotions. Je veux en user, les rendre agréables et les dominer. »*
>
> Oscar Wilde (1854-1900)
>
> ÉCRIVAIN ET POÈTE

Vous pouvez changer n'importe quelle situation négative dans votre vie, mais vous ne pouvez le faire en étant habité de sentiments négatifs. Vous devez réagir différemment à la situation, car si vous persistez à réagir négativement, vos mauvais sentiments s'accentueront et multiplieront la négativité. Lorsque vous éprouvez de bons sentiments, la positivité s'accentue et se multiplie. Et même si vous avez de la difficulté à voir comment une situation particulière pourrait devenir positive, je peux vous assurer qu'elle le peut ! La force de l'amour trouve toujours un moyen.

L'amour est un bouclier

Pour enlever tout pouvoir à la négativité des gens et ne pas être touché par elle, rappelez-vous les champs magnétiques qui entourent tout individu. Il y a les champs de l'amour, de la

joie, du bonheur, de la gratitude, de l'excitation, de la passion, et un champ pour chaque bon sentiment. Il y a également les champs de la colère, du découragement, de la frustration, de la haine, de désir de vengeance, de la peur, et un champ pour chaque mauvais sentiment.

La personne qui est entourée d'un champ magnétique vibrant de colère ne se sent pas bien du tout, et si vous vous retrouvez en sa présence, il est fort probable qu'elle reportera cette colère sur vous. Elle ne veut pas vous blesser, mais elle ne voit rien de bon lorsqu'elle regarde le monde à travers ce champ. Elle ne peut percevoir que ce qui la met en colère. Et parce qu'elle ne peut voir que la colère, elle se laisse submerger par ce sentiment et s'en prend à la première personne qui croise sa route – souvent un être cher. Cela vous dit-il quelque chose ?

Si vous vous sentez merveilleusement bien, la force de votre champ magnétique crée un bouclier qu'aucune négativité ne peut pénétrer. Et alors, cela n'aura plus aucune importance si quelqu'un déverse sa négativité sur vous, car le champ magnétique de vos sentiments la repoussera et vous protégera.

D'autre part, si une personne déverse sur vous sa négativité et que vos sentiments sont sur la même fréquence que les siens, vous saurez alors que votre humeur a chuté, car cette négativité aura pénétré le champ magnétique de vos sentiments. Il n'y a qu'une chose à faire si cela se produit, et c'est de trouver une excuse pour vous éloigner poliment, de manière à vous remplir à nouveau de bons sentiments. Deux champs négatifs se multiplient rapidement lorsqu'ils se trouvent en contact l'un avec l'autre, et rien de bon ne peut en résulter. Votre propre expérience de la vie vous le confirmera; deux champs négatifs réunis ne créent pas un joli tableau !

« L'eau est trouble d'abord, puis elle se clarifie. »

Lao-Tseu (VERS LE 6E SIÈCLE AV. J.-C.)
FONDATEUR DU TAOÏSME

Si vous vous sentez triste, déçu, frustré ou que vous éprouvez tout autre sentiment négatif, vous voyez alors le monde à travers ce champ magnétique de sentiments, et ce monde vous paraîtra rempli de tristesse, de déception ou de frustration. Vous ne pouvez rien voir de bon à travers un champ magnétique de mauvais sentiments. Non seulement ce champ négatif attirera-t-il davantage de négativité dans votre vie, mais vous ne verrez jamais de solutions à vos problèmes tant que vous ne changerez pas la façon dont vous vous sentez. Changer d'état d'esprit est beaucoup plus facile que de se débattre pour modifier les circonstances qui prévalent dans le monde extérieur. Aucune intervention physique ne pourra changer la situation. Modifiez vos sentiments et les circonstances extérieures changeront !

« Le pouvoir vient de l'intérieur, mais nous ne pouvons pas le recevoir si nous ne le donnons pas. »

Charles Haanel (1866-1949)

AUTEUR, ÉCOLE DE LA PENSÉE NOUVELLE

Lorsque quelqu'un est entouré d'un champ magnétique vibrant de joie, vous pouvez sentir sa joie traverser la pièce et vous atteindre. Les gens qui sont populaires et qui ont du charisme sont tout simplement des gens qui se sentent bien la majeure partie du temps. Le champ de joie qui les entoure est tellement magnétique qu'il attire tout à eux.

Plus vous donnez d'amour et vous sentez bien, plus magnétique devient le champ de vos sentiments et plus il prend de l'expansion, attirant à vous les gens et les choses que vous aimez ! Imaginez ça !

L'amour est le pouvoir qui relie tout

« Quand tous les hommes de par le monde s'aiment les uns les autres, le fort n'abuse pas du faible, le grand nombre n'opprime pas le petit nombre, le riche ne se moque pas du pauvre, le grand ne méprise pas l'humble, et le rusé ne trompe pas l'ingénu. »

Mozi (VERS 470–VERS 391 AV. J.-C.)

PHILOSOPHE CHINOIS

Vous avez chaque jour des occasions de donner de l'amour aux autres en éprouvant de bons sentiments. Lorsque vous vous sentez heureux, il est indéniable que vous donnerez de la positivité et de l'amour à quiconque croisera votre route. Lorsque vous donnez de l'amour à quelqu'un, cet amour vous est rendu, et ce, à un degré beaucoup plus élevé que vous n'auriez pu l'imaginer.

Lorsque vous donnez de l'amour à quelqu'un et que cet amour a un impact à ce point positif sur cette personne pour qu'elle donne à son tour de l'amour à quelqu'un d'autre, alors peu importe le nombre de gens qui seront touchés positivement, *tout* cet amour *vous* reviendra. Vous recevrez en retour non seulement l'amour que vous avez donné à cette première personne, mais vous recevrez également en retour l'amour de tous ceux qui en ont reçu ! Tout cet amour reviendra dans votre vie sous la forme de circonstances, de gens et d'événements positifs.

D'autre part, si vous influez *négativement* sur une autre personne au point où elle aura un impact négatif sur quelqu'un d'autre, alors cette négativité vous reviendra entièrement. Elle vous reviendra sous la forme de circonstances négatives qui toucheront votre situation financière, votre carrière, votre santé ou vos relations. Ce que vous donnez aux autres, c'est à vous que vous le donnez.

> *« Si un élément externe vous fait souffrir, votre douleur n'est pas causée par cet élément en tant que tel, mais par votre propre jugement de cet élément; et vous avez le pouvoir d'annuler ceci à tout moment. »*
>
> Marc Aurèle (121-180)
>
> EMPEREUR ROMAIN

Lorsque vous vous sentez enthousiaste, heureux et enjoué, ces bons sentiments touchent tous ceux qui croisent votre route. Même si vous n'avez qu'un bref contact avec quelqu'un dans un magasin, un autocar ou un ascenseur, vos bons sentiments font une différence pour cette personne, et l'impact que ce petit moment aura sur *votre* vie dépasse l'entendement.

« Rappelez-vous qu'il n'y a rien de tel qu'un petit geste de bonté. Tout acte crée une ondulation sans fin logique. »

Scott Adams (NÉ EN 1957)

DESSINATEUR HUMORISTIQUE

L'amour est à la fois la solution et la réponse à toute relation. Vous ne pourrez jamais améliorer une relation avec de la négativité. Utilisez le Processus de Création dans vos relations, et donnez de l'amour pour en recevoir. Utilisez les Clés du Pouvoir dans vos relations. Déterminez les choses que vous aimez, dressez-en la liste, parlez-en, et détournez-vous de ce que vous n'aimez pas. Imaginez que vous avez une relation parfaite, imaginez-la sous sa forme ultime, et sentez de tout votre cœur que vous la vivez. Si vous avez de la difficulté à vous sentir bien dans une relation, alors aimez tout ce qui vous entoure et cessez de voir les aspects négatifs de cette relation !

L'amour peut tout faire pour vous! Il suffit de donner de l'amour en vous sentant bien, et toute négativité dans vos relations s'évaporera. Chaque fois que vous devrez faire face à une situation négative dans une relation, sachez que l'amour est toujours la solution ! Vous ignorez *comment* le problème se réglera, vous ne le saurez jamais d'avance, mais si vous persistez à vous sentir bien et à donner de l'amour, la solution apparaîtra. Les messages de Lao-tseu, de Bouddha, de Jésus, de Mahomet et de tous les grands de ce monde sont clairs et nets – aimez!

LE POUVOIR EN BREF

- *Vous donnez de l'amour ou vous n'en donnez pas à chaque personne avec qui vous entrez en contact. Et ce que vous donnez, vous le recevez.*

- *Donnez de l'amour aux autres en leur témoignant de la gentillesse, des encouragements, du soutien, de la gratitude et tout autre bon sentiment, et cet amour vous reviendra et se multipliera dans tous les autres domaines de votre vie.*

- *Lorsque vous faites délibérément l'effort de reconnaître ce que vous aimez le plus chez l'autre sans chercher à remarquer ce qui est négatif, un miracle se produit. Vous aurez l'impression qu'une chose incroyable est arrivée à l'autre personne.*

- *Tenter de changer une autre personne n'est pas donner de l'amour ! Croire que vous savez ce qu'il y a de mieux pour quelqu'un d'autre n'est pas donner de l'amour! Croire que vous avez raison et que l'autre a tort n'est pas donner de l'amour !*

- *Critiquer, blâmer, se plaindre, harceler ou faire des reproches n'est pas donner de l'amour !*

- *Vous devez être heureux pour recevoir la version heureuse des autres !*

- *La force de l'amour vous fait faire la connaissance d'une multitude de Guides émotionnels personnels. Ils se présentent à vous comme des gens ordinaires, mais leur rôle est de vous enseigner à choisir l'amour!*

- *Vous pouvez faire adhérer à votre être tout ce que vous aimez et voulez en cherchant les choses qui vous plaisent chez les autres, et en leur disant oui de tout cœur !*

- *Vous ne pouvez pas parler négativement ou entendre des commentaires négatifs et éprouver en même temps de bons sentiments !*

- *La vie vous présente des personnes et des circonstances afin que vous puissiez choisir ce que vous aimez et ce que vous n'aimez pas. Chaque fois que vous réagissez à quelque chose, vous réagissez avec vos sentiments, et ce faisant, vous choisissez cette chose !*

- *Vous ne pouvez pas changer une situation négative en étant habité de sentiments négatifs. Si vous persistez à réagir négativement, vos mauvais sentiments s'accentueront et multiplieront la négativité.*

- *Si vous vous sentez merveilleusement bien, la force de votre champ magnétique crée un bouclier qu'aucune négativité ne peut pénétrer.*

- *Changer d'état d'esprit est beaucoup plus facile que de se débattre pour modifier les circonstances qui prévalent dans le monde extérieur. Aucune intervention physique ne pourra changer la situation. Modifiez vos sentiments et les circonstances extérieures changeront !*

- *Plus vous donnez d'amour et vous sentez bien, plus magnétique devient le champ de vos sentiments et plus il prend de l'expansion, attirant à vous les gens et les choses que vous aimez !*

LE POUVOIR
ET LA SANTÉ

« La force qui est en chacun de nous est notre plus grand médecin. »

Hippocrate (VERS 460 AV. J.-C–VERS 370 AV. J.-C.)

PÈRE DE LA MÉDECINE OCCIDENTALE

Que signifie être en pleine forme ? Vous pensez peut-être que c'est ne pas être malade, mais c'est bien plus que cela. Si vous vous sentez bien, ou comme ci comme ça, ou si vous ne sentez rien du tout, vous n'êtes pas en pleine forme.

Être en pleine forme, c'est se sentir comme se sentent les petits enfants. Ils débordent d'énergie chaque jour. Leur corps est léger et souple ; ils bougent sans effort. Leur démarche est aérienne. Leur esprit est clair ; ils sont heureux, sereins et détendus. Ils dorment profondément et paisiblement, chaque nuit, et ils sont frais et dispos au réveil, comme si leur corps était tout neuf. Ils sont passionnés et excités de vivre une toute nouvelle journée. Regardez les petits enfants et vous verrez ce que signifie vraiment être en pleine forme. C'est comme ça que vous vous sentiez autrefois, et c'est ainsi que vous devriez *encore* vous sentir aujourd'hui !

Vous pouvez vous sentir ainsi la majeure partie du temps, car la force de l'amour peut vous offrir une santé parfaite ! Il n'y a pas une seconde où quelque chose vous est refusé. Tout ce que vous voulez est vôtre, et cela inclut une santé parfaite. Mais vous devez ouvrir la porte pour la recevoir !

Que croyez-vous ?

> *« Car ce qu'il pense en son cœur, il est. »*
>
> *Le Roi Salomon* (VERS LE 10[E] SIÈCLE AV. J.-C.)
>
> ROI D'ISRAËL, DANS LE LIVRE DES PROVERBES, 23,7

Ces mots sont parmi les plus sages qui aient jamais été écrits, mais que signifient-ils ?

Ce que vous pensez au fond de votre cœur est ce que vous croyez être vrai. Les croyances sont seulement la répétition de pensées assorties de sentiments intenses. Par exemple : « J'attrape facilement le rhume », « J'ai l'estomac fragile », « Je trouve qu'il est difficile de perdre du poids », « Je suis allergique à. . . », « Le café m'empêche de dormir ». Ce sont là des croyances et non des faits. Une croyance naît lorsque vous avez une opinion bien arrêtée sur quelque chose, que vous avez donné votre verdict, que vous avez fermé la porte à double tour et jeté la clé, et que vous ne laissez aucune place à la négociation. Mais tout ce que vous croyez vrai et sentez comme vrai *sera* vrai pour vous, que ces croyances vous aident ou vous nuisent. Quelles que soient vos croyances, la loi de l'attraction stipule que tout vous revient.

De nombreuses personnes ont davantage de craintes en pensant à la maladie qu'ils n'ont de bons sentiments à l'égard de la santé. Ce n'est pas étonnant, étant donné l'attention que l'on accorde à la maladie dans le monde, et vous y êtes plongé chaque jour. En dépit de toutes les avancées de la médecine, la maladie est toujours plus présente, car les gens en ont de plus en plus peur.

Entretenez-vous davantage de bons que de mauvais sentiments à l'égard de la maladie ? Croyez-vous qu'il est possible de vivre toute votre vie sans jamais être malade, ou croyez-vous que la maladie est inévitable ? Si vous croyez que votre corps se détériorera avec l'âge et que la maladie est inévitable, vous dégagez cette croyance, et la loi de l'attraction se devra de vous la retourner sous la forme de circonstances négatives qui influeront sur votre santé et sur votre corps.

> *« Toutes mes craintes se réalisent et ce que je redoute m'arrive. »*
>
> *Le livre de Job* 3,25

L'effet placebo en médecine est la preuve du pouvoir des croyances. On donne de véritables médicaments ou traitement réel à un groupe de patients et un placebo à un autre groupe – une pilule de sucre ou un traitement fictif –, mais les patients ignorent à quel groupe ils appartiennent. Et pourtant, les patients qui ont reçu le placebo remarquent souvent une amélioration notable de leur état et la diminution ou la disparition de leurs symptômes. Les résultats surprenants de l'effet placebo démontrent régulièrement le pouvoir qu'ont les croyances sur notre corps. Ce que vous *donnez* continuellement à votre corps avec vos croyances et des sentiments intenses, votre corps le *recevra* nécessairement.

Tous vos sentiments viennent saturer chaque cellule et organe de votre corps. Lorsque vous avez de bons sentiments, vous donnez de l'amour et votre corps reçoit alors la force de la santé à un degré stupéfiant. Lorsque vous avez de mauvais sentiments, la tension amène vos nerfs et vos cellules à se crisper. L'équilibre chimique vital dans votre corps est compromis, vos vaisseaux sanguins se contractent et votre respiration devient superficielle, ce qui réduit la force de la santé dans vos organes et votre corps tout entier. La maladie n'est que le résultat d'un corps qui n'a pas été à l'aise pendant une longue période de temps, à cause de sentiments négatifs tels que le stress, l'inquiétude et la peur.

« Vos émotions influent sur chaque cellule de votre corps. L'esprit et le corps, le mental et le physique, sont inextricablement liés. »

Thomas Tutko (NÉ EN 1931)

PSYCHOLOGUE DU SPORT ET AUTEUR

Le monde à l'intérieur de votre corps

Il y a tout un monde à l'intérieur de vous ! Pour bien comprendre le pouvoir que vous pouvez exercer sur votre corps, vous devez connaître ce monde – car il est entièrement sous vos ordres !

Toutes les cellules de votre corps ont un rôle à jouer, et elles travaillent de concert dans le seul but de vous donner la vie. Certaines cellules sont les responsables de régions ou d'organes particuliers, et elles gèrent et dirigent toutes les cellules ouvrières de leur région, comme le cœur, le cerveau, le foie, les reins et les poumons. La cellule en chef d'un organe dirige et gère toutes les autres cellules formant cet organe, veillant à ce que règnent l'ordre et l'harmonie afin que l'organe fonctionne parfaitement. D'autres cellules forment des patrouilles et sillonnent les 95 000 kilomètres de vaisseaux sanguins de votre corps afin de maintenir l'ordre et la paix. Lorsqu'il y a une perturbation, par exemple une égratignure sur la peau, les cellules patrouilles donnent immédiatement l'alerte, et l'équipe de sauvetage appropriée se précipite dans la région endommagée. Dans le cas d'une égratignure, la première équipe à arriver sur les lieux est celle de la coagulation qui se charge de stopper le saignement. Ensuite, ce sont les équipes des tissus et de la peau qui entrent en scène pour raccommoder et cicatriser.

Si un intrus pénètre dans votre corps, comme des bactéries ou un virus, les cellules mémoires en font immédiatement une empreinte. Cette empreinte est comparée avec le contenu de leurs bases de données afin de déterminer s'il y a correspondance avec des intrus antérieurs. Si c'est le cas, les cellules mémoires avertissent sur-le-champ l'équipe d'assaut pertinente afin qu'elle détruise l'ennemi. Sinon, elles ouvrent un nouveau dossier et *toutes* les équipes d'assaut sont appelées en renfort. La première équipe qui réussit à détruire l'intrus est alors inscrite dans la base de données des cellules mémoires. Si l'intrus revient, ces cellules sauront exactement à qui elles ont affaire et comment réagir.

Si pour une raison ou une autre, une cellule de votre corps commence à modifier son comportement et cesse de travailler pour le bien du corps, les cellules patrouilles avertissent l'équipe de sauvetage appropriée qui se hâte alors de la réparer. Si un produit chimique particulier est nécessaire pour réparer une cellule, l'équipe de sauvetage le trouvera dans votre pharmacie naturelle. Il y a en effet une pharmacie complète dans votre corps, et elle est capable de manufacturer les mêmes médicaments que les compagnies pharmaceutiques.

Toutes les cellules doivent travailler en équipe, 24 heures sur 24, 7 jours par semaine, et ce, pendant toute leur vie. Leur seul but est de maintenir la vie et la santé dans votre corps. Votre corps est composé d'environ 100 trillions de cellules. C'est 100 000 000 000 000 cellules qui travaillent sans relâche pour vous donner la vie ! Et ces 100 trillions de cellules sont sous vos ordres, et vous les dirigez et les commandez avec vos pensées, vos sentiments et vos croyances.

Tout ce que vous croyez à propos de votre corps, vos cellules le croient aussi. Elles ne remettent pas en question ce que vous pensez, ressentez ou croyez. En fait, elles entendent toutes vos pensées, vos sentiments et vos croyances.

Si vous pensez ou dites : « Je souffre toujours du décalage horaire lorsque je voyage », vos cellules reçoivent les mots « décalage horaire » comme un ordre, et elles se doivent d'obéir à vos instructions. Pensez et sentez que vous avez un problème de poids, et vos cellules reçoivent l'ordre de créer un problème de poids. Elles doivent obéir à vos ordres et maintenir cet état caractérisé par un surplus de poids. Si vous avez peur de contracter une maladie, vos cellules reçoivent le message et se mobilisent aussitôt pour créer les symptômes de cette maladie. La réaction de vos cellules à chacun de vos ordres est tout simplement la manifestation de la loi de l'attraction à l'intérieur de votre corps.

« Voyez la perfection de chacun de vos organes, et les ombres de la maladie ne vous toucheront jamais. »

Robert Collier (1885-1950)

AUTEUR, ÉCOLE DE LA PENSÉE NOUVELLE

Que voulez-vous ? Qu'aimeriez-vous ? Parce que c'est cela que vous devez donner à votre corps. Vos cellules sont vos plus loyaux sujets; elles vous servent sans poser de question, et tout ce que vous pensez et ressentez fait figure de loi dans votre corps. Si vous voulez vous sentir aussi bien que vous vous sentiez lorsque vous étiez un petit enfant, alors donnez les ordres suivants à vos cellules : « Je me sens merveilleusement bien aujourd'hui », « Je déborde d'énergie », « J'ai une vue parfaite », « Je peux manger ce que je veux et garder mon poids idéal », « Je dors comme un bébé chaque nuit ». Vous êtes le souverain d'un royaume, et tout ce que vous pensez et ressentez devient la loi dans votre royaume – la loi à l'intérieur de votre corps.

Le pouvoir de votre cœur

> *« D'une certaine manière, l'homme est un microcosme de l'univers; ce qu'est l'homme est donc un résumé de l'univers. »*
>
> David Bohm (1917-1992)
>
> PHYSICIEN QUANTIQUE

L'intérieur de votre corps est une carte fidèle de notre système solaire et de l'univers. Votre cœur est le soleil et le centre de votre système corporel. Vos organes sont les planètes, et tout comme les planètes dépendent du soleil pour maintenir leur équilibre et leur harmonie, tous les organes de votre corps dépendent de votre cœur pour maintenir leur équilibre et leur harmonie.

Les scientifiques de l'institut HeartMath, en Californie, ont démontré que les sentiments d'amour, de gratitude et d'appréciation renforcent le système immunitaire, accroissent le métabolisme chimique, augmentent la vitalité et la vigueur, réduisent la quantité d'hormones du stress, la tension artérielle, l'anxiété, la culpabilité et l'épuisement, et équilibrent le taux de sucre chez les diabétiques. Les sentiments d'amour favorisent également un pouls harmonieux. L'institut HearthMath a démontré que le champ magnétique du cœur est 5 000 fois plus puissant que celui du cerveau et qu'il irradie à une distance de plus de 2 mètres autour du corps.

D'autres scientifiques sont en train de révolutionner notre compréhension de l'impact de l'amour sur notre santé, et ce, grâce à des expériences réalisées avec de l'eau. Mais quel lien y a-t-il entre l'eau et notre santé ? Votre corps est composé de 70 pour cent d'eau ! Et ce pourcentage est de 80 à l'intérieur de votre tête !

Des chercheurs japonais, russes, européens et américains ont découvert que lorsque de l'eau est exposée à des mots et à des sentiments positifs tels que l'amour et la gratitude, son niveau d'énergie non seulement augmente, mais sa structure change et elle devient parfaitement harmonieuse. Plus les sentiments positifs sont intenses, plus l'eau devient belle

et harmonieuse. Lorsque l'eau est exposée à des émotions négatives telles que la haine, son niveau d'énergie diminue et des changements chaotiques se produisent, influant négativement sur sa structure.

Si les émotions humaines peuvent modifier la structure de l'eau, pouvez-vous imaginer l'effet que peuvent avoir vos sentiments sur la santé de votre corps ? Vos cellules sont en majeure partie composées d'eau ! Le centre de chaque cellule est composé d'eau, et chaque cellule est entièrement entourée d'une membrane aqueuse.

Pouvez-vous imaginer l'impact de l'amour et de la gratitude sur votre corps ? Pouvez-vous imaginer le pouvoir de guérison qu'ont l'amour et la gratitude ? Lorsque vous ressentez de l'amour, cet amour a un impact sur l'eau qui se trouve dans les 100 trillions de cellules de votre corps !

Comment utiliser le pouvoir de l'amour pour jouir d'une santé parfaite

« Où il y a grand amour, il y a toujours des miracles. »

Willa Cather (1873-1947)

ROMANCIÈRE – PRIX PULITZER

Pour recevoir la santé que vous voulez et chérissez, vous devez donner de l'amour ! Même malade, éprouvez de bons sentiments à l'égard de la santé, car seul l'amour peut vous apporter la santé parfaite. Vous ne pouvez pas éprouver de mauvais sentiments à l'égard de la maladie et recevoir en même temps la santé. Si vous détestez une maladie ou en avez peur, vous éprouvez de mauvais sentiments, et l'individu qui éprouve de mauvais sentiments ne se débarrasse jamais de la maladie. Lorsque vous pensez à ce que vous voulez et le sentez, vos cellules reçoivent la force de la santé. Lorsque vous avez des pensées et des sentiments négatifs à propos de ce que vous ne voulez pas, la force de la santé qui est transmise à vos cellules diminue! Si vous vous sentez mal à propos de quelque chose qui n'a rien à voir avec la santé, sachez que ces mauvais sentiments feront diminuer la force de la santé dans votre corps. Mais lorsque vous ressentez de l'amour pour tout – une journée ensoleillée, une nouvelle maison, un ami ou une promotion –, votre corps reçoit pleinement la force de la santé.

La gratitude est le grand multiplicateur, donc, dites chaque jour *merci* pour la santé dont vous jouissez. Tout l'argent du monde ne vous permettrait pas d'acheter la santé, car c'est un don de la vie et donc, plus que n'importe quoi d'autre, soyez reconnaissant d'être en bonne santé ! C'est la meilleure assurance que vous ne pourrez jamais avoir, car la gratitude est l'assurance de la santé !

Éprouvez de la gratitude pour votre corps au lieu de lui trouver des défauts. Chaque fois que vous pensez à quelque chose que vous n'aimez pas à propos de votre corps, rappelez-vous que l'eau qui s'y trouve perçoit vos sentiments. À la place, dites *merci* de tout cœur à ce que vous aimez à propos de votre corps, et ignorez ce que vous n'aimez pas.

« L'amour fait éclore l'amour. »

Sainte Thérèse d'Avila (1515-1582)

RELIGIEUSE, MYSTIQUE ET ÉCRIVAINE

Avant de manger ou de boire de l'eau, regardez bien ce que vous êtes sur le point d'absorber et éprouvez de l'amour et de la gratitude. Assurez-vous que vos conversations sont positives lorsque vous êtes à table.

Bénir sa nourriture, c'est donner de l'amour et de la gratitude. Et ce faisant, vous modifiez la structure de l'eau qui se trouve dans vos aliments et ses effets sur votre corps. Il en va de même avec l'eau que vous buvez. L'amour peut changer la structure de l'eau, où qu'elle se trouve – alors, utilisez ce pouvoir.

Vous pouvez donner de l'amour et de la gratitude et utiliser leur pouvoir lorsque vous suivez un traitement médical. Si vous arrivez à imaginer que vous allez bien, vous pourrez *sentir* que vous allez bien, et vous recevrez ce que vous sentez. Pour que votre santé s'améliore, vous n'avez qu'à donner de l'amour plus de 50 pour cent du temps. Il suffit de 51 pour cent pour faire pencher la balance en faveur de la santé.

Lorsque vous passez un examen de la vue ou faites mesurer votre tension artérielle, lorsque vous passez un examen médical de routine, recevez des résultats de tests ou dans toute situation qui a trait à votre santé, il est très important de vous sentir bien afin que l'issue soit positive. Selon la loi de l'attraction, les résultats d'un examen ou de tests doivent correspondre à la fréquence avec laquelle vous êtes en synchronisme. Donc, pour obtenir les résultats positifs que vous souhaitez, vous devez être sur la fréquence qui vous permettra de les recevoir ! La vie ne se déroule pas autrement. L'issue de toute situation dans votre vie correspondra toujours à la fréquence sur laquelle vous vous trouvez, car c'est ce que stipule la loi de l'attraction! Pour vous mettre en synchronisme avec la fréquence d'un bon sentiment lorsque vous passez un test, imaginez le résultat que vous souhaitez et sentez que vous en connaissez déjà la teneur. Tout peut arriver, mais vous devez éprouver de bons sentiments pour recevoir de bons résultats.

« Possibilités et miracles ont la même signification. »

Prentice Mulford (1834-1891)

AUTEUR, ÉCOLE DE LA PENSÉE NOUVELLE

Imaginez et sentez que votre corps jouit de la santé que vous souhaitez. Si vous voulez que votre vue s'améliore, donnez de l'amour en pensant à une vision parfaite et imaginez qu'elle est vôtre. Donnez de l'amour en pensant à une ouïe parfaite et imaginez qu'elle est vôtre. Donnez de l'amour en pensant au poids idéal, à un corps sublime, à la santé resplendissante d'un organe, et imaginez qu'ils sont vôtres, et soyez profondément reconnaissant pour tout ce que vous avez ! Votre corps se transformera selon vos désirs, mais vous devez pour cela éprouver de l'amour et de la gratitude.

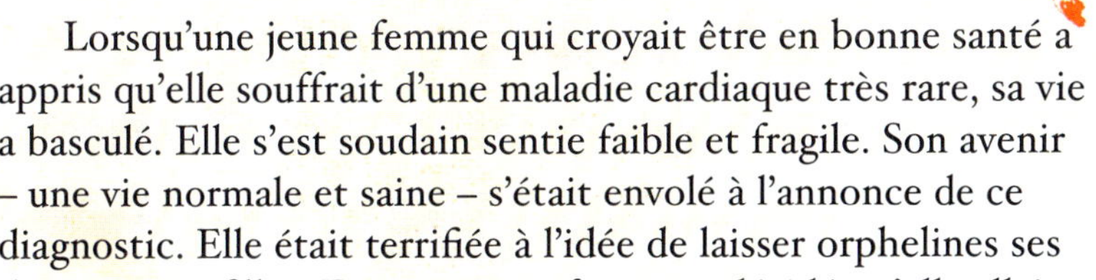

Lorsqu'une jeune femme qui croyait être en bonne santé a appris qu'elle souffrait d'une maladie cardiaque très rare, sa vie a basculé. Elle s'est soudain sentie faible et fragile. Son avenir – une vie normale et saine – s'était envolé à l'annonce de ce diagnostic. Elle était terrifiée à l'idée de laisser orphelines ses deux petites filles. Et puis, cette femme a décidé qu'elle allait tout faire pour que son cœur guérisse.

Elle a refusé d'entretenir quelque sentiment négatif que ce soit à propos de son cœur. Elle y a posé sa main droite chaque jour et a imaginé qu'il était fort et sain. Chaque matin au réveil, elle se disait profondément reconnaissante d'avoir un cœur fort et sain. Elle imaginait les médecins en train de lui dire qu'elle était guérie. Elle a fait cela pendant quatre mois, et après un autre examen médical, son cardiologue a été abasourdi. Il a vérifié et revérifié, il a comparé les anciens tests avec les nouveaux, car ces derniers montraient un cœur parfaitement fort et sain.

Cette femme avait vécu selon la loi de l'attraction de l'amour. Elle n'a pas nourri le diagnostic d'une maladie cardiaque dans son esprit, mais a plutôt donné de l'amour en pensant qu'elle avait un cœur sain. Si vous êtes atteint d'une maladie, quelle qu'elle soit, faites de votre mieux pour ne pas vous l'approprier par des pensées et des paroles. Ne la détestez pas non plus, car ce serait lui donner de la négativité. Au lieu de quoi, donnez de l'amour à la santé, conquérez-la, faites-la vôtre.

« Efforcez-vous de ne pas penser au mal dont vous souffrez. Pensez à la force et au pouvoir et vous les attirerez à vous. Pensez à la santé et vous en jouirez. »

Prentice Mulford (1834-1891)

AUTEUR, ÉCOLE DE LA PENSÉE NOUVELLE

Chaque fois que vous éprouvez de l'amour pour votre santé, la force de l'amour élimine toute la négativité dans votre corps ! Si vous avez de la difficulté à vous sentir bien en pensant à votre santé, il suffit d'éprouver de l'amour pour n'importe quoi d'autre. Entourez-vous donc de tout ce que vous aimez, et inspirez-vous-en pour vous sentir aussi bien que possible. Servez-vous de tout ce qui se trouve dans le monde extérieur pour ressentir de l'amour. Regardez des films qui vous font rire et vous procurent du bien-être, et non des films qui vous stressent ou vous rendent triste. Écoutez de la musique qui vous détend. Demandez aux gens de vous raconter des blagues qui vous font rire, ou amenez-les à vous raconter des anecdotes amusantes sur les moments les plus embarrassants qu'ils ont vécus. Vous savez ce que vous aimez. Vous savez ce que vous préférez. Vous savez ce qui vous rend heureux. Alors, attirez tout cela à vous et sentez-vous le mieux possible. Utilisez le Processus de Création. Utilisez les clés du pouvoir. Rappelez-vous qu'il suffit de donner de l'amour et d'éprouver de bons sentiments au moins 51 pour cent du temps pour atteindre le point de bascule et tout changer !

Si vous voulez aider quelqu'un qui est malade, vous pouvez utiliser le Processus de Création et imaginer et sentir que cette personne recouvre une santé parfaite. Bien que vous ne puissiez pas outrepasser ce qu'une autre personne donne à la loi de l'attraction, vous avez le pouvoir de l'aider à se mettre en synchronisme avec une fréquence plus élevée qui lui permettra de guérir.

La beauté naît de l'amour

« Alors que l'amour grandit en vous, la beauté aussi. Car l'amour est la beauté de l'âme. »

Saint Augustin d'Hippone (354-430)
THÉOLOGIEN ET ÉVÊQUE

Toute beauté vient de la force de l'amour. L'amour peut vous donner une beauté illimitée, mais le problème est que la majorité des gens se trouvent des défauts et critiquent leur corps plus qu'ils ne l'apprécient. Vous attarder à vos défauts et ne pas être satisfait de votre corps ne vous apporte pas la beauté ! Cela ne fait qu'accentuer vos défauts et votre insatisfaction.

L'industrie de la beauté est énorme et, pourtant, une beauté illimitée vous est offerte chaque seconde. Mais il faut donner de l'amour pour la recevoir ! Plus vous êtes heureux, plus beau vous serez. Vos rides s'effaceront, votre peau sera plus ferme et plus lumineuse, vos cheveux deviendront plus épais et plus forts, vous aurez des étincelles dans les yeux et leur couleur s'intensifiera. Et surtout, vous aurez la preuve que la beauté naît de l'amour lorsque vous attirerez les gens à vous, où que vous alliez.

Vous avez l'âge de vos croyances

Des textes anciens disent qu'à une certaine époque, les gens vivaient des centaines et des centaines d'années. Certains vivaient jusqu'à 800 ans, et certains 500 ou 600 ans, et cette longévité était monnaie courante. Donc, que s'est-il passé ? Les gens ont changé leurs croyances. Au lieu de croire qu'ils pouvaient vivre plusieurs siècles, ils ont changé leurs croyances au fil des générations, et ils en sont venus à croire en une espérance de vie moindre.

Nous avons hérité de ces croyances à l'égard de notre espérance de vie réduite. Dès le moment de notre naissance, elles ont été brodées sur le tissu de notre esprit et de notre cœur. Et dès notre enfance, nous avons littéralement programmé notre corps à ne vivre qu'un certain nombre d'années, et notre corps vieillit donc en fonction de cette programmation.

« En biologie, on n'a encore rien trouvé qui indique l'inévitabilité de la mort. Cela me fait croire que ce n'est pas du tout inévitable et que ce n'est qu'une question de temps avant que les biologistes ne découvrent la cause de cet inconvénient. »

Richard Feynman (1918-1988)

PHYSICIEN QUANTIQUE – PRIX NOBEL

Si vous le pouvez, ne mettez pas de plafond à la durée de votre vie. Il suffirait qu'une seule personne fracasse les limites de l'espérance de vie actuelle pour modifier la longévité de l'humanité tout entière. Il y aurait alors une réaction en chaîne, car lorsqu'une personne dépassera de loin l'espérance de vie habituelle, les gens commenceront à y croire et sentiront qu'ils peuvent eux aussi y arriver, et ils y arriveront !

Lorsque vous croyez et sentez que le vieillissement et la détérioration sont inévitables, c'est ce qui se produit. Vos cellules, vos organes et votre corps captent ces croyances et ces sentiments. *Sentez-vous* jeune et cessez de croire que vous êtes vieux. Sentir votre âge n'est que le résultat d'une croyance que l'on vous a inculquée et du programme que vous avez donné à votre corps. Vous pouvez modifier cette programmation en tout temps en changeant vos croyances !

Comment changer vos croyances ? En donnant de l'amour ! Les croyances négatives, les croyances ayant trait aux

limitations, au vieillissement ou à la maladie, ne viennent pas de l'amour. Lorsque vous donnez de l'amour, lorsque vous vous sentez bien, l'amour fait fondre toute négativité, incluant les croyances négatives qui vous font du tort.

> *« L'amour qui fait que l'on s'extasie de tout est le véritable élixir de la vie – la fontaine de longévité. C'est l'absence d'amour qui fait que l'on se sent vieux. »*
>
> Josiah Gilbert Holland (1819-1881)
>
> AUTEUR

L'amour est vérité

Lorsque vous étiez un petit enfant, vous étiez souple et plein d'aisance parce que vous n'aviez pas encore forgé ou accepté beaucoup de croyances négatives à propos de la vie. En vieillissant, vous avez fait vôtres davantage de sentiments portant sur les limitations et la négativité, ce qui vous a amené à adopter des idées bien arrêtées et à faire preuve de moins de souplesse. Cela n'est pas une vie exceptionnelle; c'est une vie limitée.

Plus vous aimerez, plus la force de l'amour fera fondre la négativité dans votre corps et votre esprit. Vous pouvez sentir cette négativité disparaître lorsque vous êtes heureux, reconnaissant et joyeux. Vous pouvez le sentir ! Vous avez l'impression d'être plus léger, vous vous sentez invincible, vous êtes au sommet du monde.

En donnant toujours plus d'amour, vous remarquerez que des changements commenceront à se produire dans votre corps. Les aliments auront meilleur goût, les couleurs seront plus brillantes, les sons deviendront plus clairs, vos grains de beauté ou de petites marques commenceront à diminuer et disparaîtront. Votre corps deviendra plus souple ; la raideur et les petits craquements s'évanouiront. Lorsque vous donnez de l'amour et êtes témoin de ces miracles dans votre corps, vous ne pouvez plus douter que l'amour soit source de santé!

L'amour est derrière chaque miracle

Tous les miracles sont le résultat de la force de l'amour en pleine action. Les miracles se produisent lorsqu'on repousse la négativité et que l'on ne se concentre que sur l'amour. Même si vous avez été pessimiste toute votre vie, il n'est jamais trop tard.

Pessimiste est exactement ce qu'un homme disait être. Lorsque sa femme lui a annoncé qu'elle attendait leur troisième enfant, il n'a pensé qu'à l'impact négatif qu'aurait cet enfant sur leur vie. Mais ce qu'il n'avait pas prévu, c'est la force avec laquelle ces pensées et sentiments négatifs se concrétiseraient.

Au cinquième mois de grossesse, sa femme a dû être hospitalisée d'urgence et on a dû pratiquer une césarienne. Trois différents spécialistes ont dit qu'après seulement 23 semaines de gestation, le bébé n'avait aucune chance de survie. L'homme était effondré. Il ne s'était jamais attendu à perdre un enfant.

Après la césarienne, le père a été conduit au berceau de son fils, le plus petit bébé qu'il n'avait jamais vu. Il ne mesurait que 25 centimètres et ne pesait que 34 grammes. Le personnel médical a tenté de gonfler les poumons du bébé avec un ventilateur, mais son pouls ne cessait de ralentir. Un spécialiste a dit qu'il n'y avait rien à faire. Dans sa tête, le père a hurlé : « Je vous en prie ! » Au même moment, les poumons de son fils se sont gonflés et son pouls a accéléré.

Les jours ont passé. Tous les médecins de l'hôpital continuaient à dire que le bébé ne survivrait pas. Mais cet homme qui avait été pessimiste pendant toute sa vie a commencé à imaginer ce qu'il souhaitait. Chaque soir, lorsqu'il se mettait au lit, il imaginait la lumière de l'amour qui brillait au-dessus de son fils. Au réveil le matin, il remerciait Dieu parce que son fils avait traversé la nuit.

Et chaque jour, son fils faisait des progrès. Il a surmonté tous les obstacles qui se trouvaient sur sa route. Après quatre mois difficiles aux soins intensifs, sa femme et lui ont pu amener leur bébé à la maison – un bébé à qui l'on avait donné *zéro pour cent de chance de survie.*

L'amour est derrière chaque miracle.

LE POUVOIR EN BREF

- *Ce que vous donnez continuellement à votre corps avec vos croyances et des sentiments intenses, votre corps le recevra nécessairement. Tous vos sentiments viennent saturer chaque cellule et organe de votre corps.*

- *Vous êtes le souverain d'un royaume, et vos cellules sont vos plus loyaux sujets; elles vous servent sans poser de question. Donc, tout ce que vous pensez et ressentez fait figure de loi dans votre royaume – la loi à l'intérieur de votre corps.*

- *Lorsque vous avez des pensées et des sentiments négatifs à propos de ce que vous ne voulez pas, la force de la santé qui est transmise à vos cellules diminue! Mais lorsque vous ressentez de l'amour pour tout – une journée ensoleillée, une nouvelle maison, un ami ou une promotion – votre corps reçoit pleinement la force de la santé.*

- *La gratitude est le grand multiplicateur, donc, dites chaque jour «merci» pour la santé dont vous jouissez.*

- *Dites merci de tout cœur à ce que vous aimez à propos de votre corps, et ignorez ce que vous n'aimez pas.*

- *Pour que votre santé s'améliore, vous n'avez qu'à donner de l'amour plus de 50 pour cent du temps. Il suffit de 51 pour cent pour faire pencher la balance en faveur de la santé.*

- *Si vous êtes atteint d'une maladie, quelle qu'elle soit, faites de votre mieux pour ne pas vous l'approprier par des pensées et des paroles. Ne la détestez pas non plus, car ce serait lui donner de la négativité. Au lieu de quoi, donnez de l'amour à la santé, conquérez-la, faites-la vôtre.*

- *Donnez de l'amour en pensant au poids idéal, à un corps sublime, à la santé resplendissante d'un organe, et imaginez qu'ils sont vôtres, et soyez profondément reconnaissant pour tout ce que vous avez !*

- *Si vous croyez que votre corps se détériorera avec l'âge et que la maladie est inévitable, vous dégagez cette croyance, et la loi de l'attraction se devra de vous la retourner sous la forme de circonstances négatives.*

- *Sentez-vous jeune et cessez de croire que vous êtes vieux.*

- *Votre corps se transformera selon vos désirs, mais vous devez pour cela éprouver de l'amour et de la gratitude.*

LE POUVOIR
ET VOUS

« Tout le bonheur vient de l'intérieur : le pouvoir d'être heureux, de jouir de ce qui est bon, d'avoir tout ce dont on a besoin dans la vie. Le pouvoir est là – illimité. »

Robert Collier (1885-1950)

AUTEUR, ÉCOLE DE LA PENSÉE NOUVELLE

Tout a une fréquence – tout ! Chaque mot a une fréquence, chaque son, chaque couleur, chaque arbre, animal, plante et minéral, tout ce qui est matériel. Chaque type d'aliment et de liquide a une fréquence. Chaque endroit, ville et pays a une fréquence. Les éléments – l'air, le feu, la terre et l'eau – ont une fréquence. La santé, la maladie, la richesse, la pauvreté, la réussite et l'échec ont une fréquence. Chaque événement, situation et circonstance a une fréquence. Même votre nom a une fréquence. Mais le véritable nom de votre fréquence est ce que vous ressentez ! Et ce sont vos sentiments qui attirent dans votre vie *tout* ce qui se trouve sur une fréquence similaire.

Lorsque vous vous sentez heureux, et que vous entretenez cet état d'âme, seuls des gens, des circonstances et des événements heureux pourront entrer dans votre vie. Si vous

vous sentez stressé, et que vous entretenez cet état d'âme, alors davantage de stress entrera dans votre vie par le biais de gens, de circonstances et d'événements. Vous l'avez sans doute déjà constaté alors que vous vous dépêchiez parce que vous étiez en retard. La précipitation est un sentiment négatif, et aussi vrai que le soleil brille, lorsque vous vous hâtez et craignez d'être en retard, vous attirez à vous de nombreux retards et obstacles sur votre route. C'est la loi de l'attraction qui agit dans votre vie.

Voyez-vous à quel point il est important de bien se sentir avant de commencer votre journée ? Si vous ne prenez pas le temps de bien vous sentir, alors vous ne pourrez rien recevoir de bon pendant la journée. Et une fois que des événements négatifs se produisent, il faut beaucoup plus d'efforts pour les modifier, car lorsque vous baignez dedans, vous y croyez vraiment ! Il est beaucoup plus facile de prendre le temps de se sentir bien, de manière à ce que de tels événements ne se produisent pas. Vous pouvez tout changer dans votre vie en changeant la façon dont vous vous sentez, mais n'est-ce pas une meilleure idée d'attirer davantage de bonnes choses de prime abord ?

Regardez le film de votre vie !

La vie est magique ! Ce qui se passe dans une journée de votre vie est plus magique que dans toute fiction, mais vous devez *regarder* ce qui se passe avec la même concentration que si vous regardiez un film. Si vous regardez un film et

que vous êtes distrait par un appel téléphonique ou que vous vous endormez, vous ratez l'action. Il en va de même avec votre vie qui se déroule en continu sur l'écran de votre journée. Si vous marchez comme un somnambule et que vous n'êtes pas vigilant, vous ratez les messages et les successions d'événements qui vous parlent et vous guident constamment !

La vie vous répond. La vie communique avec vous. Le hasard et les coïncidences n'existent pas : chaque petite chose a une fréquence, et lorsqu'un événement se produit dans votre vie, cela signifie qu'il est sur la même fréquence que vous. Tout ce que vous voyez – chaque signe, couleur, personne, objet –, tout ce que vous entendez, chaque circonstance et événement, est sur la même fréquence que vous.

« Si stupéfiants sont les faits dans ces connexions, qu'il paraîtrait que le Créateur lui-même aurait conçu cette planète électriquement. »

Nikola Tesla (1856-1943)

INVENTEUR DE LA RADIO ET DU COURANT ALTERNATIF

Vous savez que vous devenez soudain plus vigilant lorsque vous êtes au volant et que vous voyez une voiture de police. Ce n'est pas sans raison que vous avez vu cette voiture de police, et elle vous dit fort probablement : « Sois plus vigilant ! » Le fait de voir cette voiture signifie peut-être encore davantage pour vous, mais pour le savoir, vous devez vous demander : « Qu'est-ce que cela cherche à me dire ? » La police représente la loi et l'ordre, et cette voiture de police peut être un message qui vous avertit que quelque chose n'est pas en règle dans votre vie. Peut-être avez-vous oublié de rappeler un ami ou de remercier quelqu'un.

Lorsque vous entendez une sirène d'ambulance, qu'est-ce que cela signifie pour vous ? Vous dit-elle d'éprouver de la gratitude pour votre santé ? Vous rappelle-t-elle de donner davantage d'amour et de reconnaissance pour la santé des gens qui partagent votre vie ? Lorsque vous voyez un camion de pompiers passer en trombe à côté de vous, gyrophares allumés et sirène hurlante, qu'est-ce qu'il *vous* dit ? Vous dit-il qu'il y a un feu à éteindre quelque part dans votre vie ? Ou vous dit-il d'intensifier les flammes de l'amour que vous donnez ? Vous seul pouvez trouver la signification de ce qui se produit dans votre vie, mais vous devez être vigilant et ne pas rater ces messages afin de pouvoir vous poser des questions et recevoir des réponses.

Vous recevez constamment des messages et de la rétroaction ; vous en avez reçu pendant *toute* votre vie ! Chaque fois que j'entends quelque chose, même s'il s'agit d'une conversation entre deux inconnus qui se trouvent près de moi, si je peux entendre les mots qu'ils prononcent, alors c'est que ces mots ont une signification dans ma vie. Leurs mots sont un message pour moi, ils sont pertinents pour moi, et ils me donnent une rétroaction sur ma vie. Si je voyage, que je remarque une affiche et que j'y lis des mots, ces mots ont une

signification pour moi, ils sont un message pour moi et ils sont pertinents pour moi. Ils le sont parce que je suis sur la même fréquence qu'eux. Si je me trouvais sur une autre fréquence, je n'aurais pas remarqué l'affiche, et je n'aurais pas été à portée de voix pour capter une conversation.

Chaque petite chose qui m'entoure tout au long de la journée me parle, me transmet constamment de la rétroaction et des messages. Si je remarque que les gens de mon entourage ne sont pas aussi heureux et souriants que d'habitude, je sais que la fréquence de mes sentiments a chuté, et je pense immédiatement aux choses que j'aime, l'une après l'autre, jusqu'à ce que je me sente plus heureuse.

« Soyez le changement que vous voulez voir dans le monde. »

Mahatma Gandhi (1869-1948)

LEADER POLITIQUE INDIEN

Votre symbole secret

Vous pouvez jouer avec la loi de l'attraction en lui demandant de vous donner des preuves physiques de la force de l'amour. Pensez à quelque chose que vous aimez et faites-en votre symbole de la force de l'amour. Chaque fois que vous voyez ou entendez votre symbole, vous saurez que la force de l'amour est avec vous. Mon symbole secret est une lumière éclatante. Donc, quand j'ai le soleil dans les yeux, ou qu'un objet me renvoie ses feux et scintille, je sais qu'il s'agit de la force de l'amour et qu'elle est avec moi. Lorsque je suis remplie d'une joie débordante et d'amour, la lumière irradie de tout ce qui m'entoure. Ma sœur a choisi l'arc-en-ciel comme symbole secret, et chaque fois qu'elle est remplie d'amour et de gratitude, elle voit des arcs-en-ciel lumineux tout autour d'elle. Votre symbole pourrait être les étoiles, l'or, l'argent ou une couleur, un animal, un oiseau, un arbre ou une fleur que vous aimez. Vous pouvez choisir des mots ou des sons comme symbole secret. Veillez seulement à choisir quelque chose que vous aimez et adorez vraiment.

Si vous le voulez, vous pouvez choisir un symbole qui vous servira de signal d'avertissement, un signal que vous enverra la force de l'amour, vous disant d'être plus attentif. En fait, vous pouvez recevoir des messages et des avertissements en tout temps. Lorsque vous laissez échapper un objet, trébuchez, accrochez vos vêtements à quelque chose ou vous cognez contre quelque chose – c'est chaque fois un avertissement et un message que vous recevez afin de modifier vos pensées et vos sentiments ! Il n'y a pas de hasard ni de coïncidences dans la vie – tout n'est que synchronisme –, car tout a une fréquence. C'est tout simplement la loi physique de la vie et de l'univers en pleine action.

« Lorsque je regarde le système solaire, je vois que la terre se trouve à la bonne distance du soleil pour recevoir lumière et chaleur en quantité suffisante. Cela n'est pas le fruit du hasard. »

Isaac Newton (1643-1727)

MATHÉMATICIEN ET PHYSICIEN

La vie est magique

L'amour et moi avons une liaison, et c'est la relation la plus magique et excitante que je n'ai jamais eue. Je veux partager avec vous comment je vis chaque jour avec cette connaissance.

Le matin au réveil, j'éprouve de la gratitude pour la vie, pour tous les gens et toutes les choses qui font partie de ma vie. Je passe 15 minutes chaque matin à ressentir de l'amour et à l'envoyer dans le monde.

J'imagine ma journée. Je l'imagine et je ressens de l'amour parce qu'elle se passera bien. Je l'imagine et je ressens de l'amour pour tout ce qui se passera bien pendant la journée, avant même qu'elle débute. Je place la force de l'amour devant moi dans tout ce que je fais, en sentant en moi le plus d'amour possible avant d'entreprendre quoi que ce soit ! Je n'ouvre ni courrier électronique ni colis, je ne fais aucun appel téléphonique ni rien d'important tant que je ne me sens pas bien.

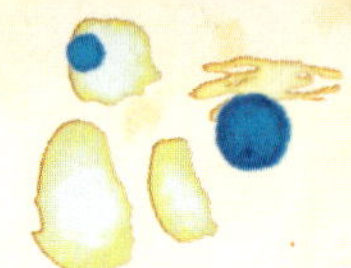

Lorsque je m'habille le matin, je ressens une profonde gratitude pour mes vêtements. Pour gagner du temps, je me pose également la question suivante : « Quelle tenue serait parfaite aujourd'hui ? » Il y a quelques années, j'ai décidé de jouer avec la loi de l'attraction et ma garde-robe. Au lieu de tenter de déterminer si cette jupe s'agence bien avec ce haut, ou parfois de revêtir quelque chose pour me changer aussitôt parce que ça ne va pas (ce qui attirerait davantage de choses qui ne vont pas), j'ai décidé de confier mon allure à la loi de l'amour. J'ai donc *imaginé* comment je me *sentirais* si j'avais fière allure dans toutes mes tenues. Et après l'avoir imaginé et senti, et m'être posé la question suivante : « Qu'est-ce que je vais porter aujourd'hui ? », je ne peux que m'émerveiller devant ce que je vois et ressens lorsque je m'habille.

Je demeure alerte lorsque je marche dans la rue et je remarque les gens que je croise. J'envoie des pensées et des sentiments d'amour au plus grand nombre de gens possible. Je regarde le visage de chaque personne, et je ressens de l'amour à l'intérieur de moi, et j'imagine qu'elle capte cet amour. Je sais que la force de l'amour est la source de l'abondance d'argent, des relations harmonieuses, de la bonne santé et de tout ce que tout le monde aime, alors j'envoie de l'amour aux gens parce que je sais que je leur envoie alors tout ce dont ils ont besoin.

Lorsque je vois une personne qui semble avoir un besoin particulier, par exemple une personne qui n'a pas les moyens d'acheter une chose qu'elle veut, je lui envoie en pensée une abondance d'argent. Si une personne semble bouleversée, je lui envoie du bonheur. Si une personne semble stressée et pressée, je lui envoie de la paix et de la joie. Que je sois en train de faire des emplettes au supermarché, que je marche dans la rue, que je sois au volant de ma voiture ou parmi la foule, je fais de mon mieux pour envoyer le plus d'amour possible. Chaque fois que je vois quelqu'un qui a un besoin particulier, je sais qu'il s'agit d'un message qui m'est adressé afin que j'éprouve de la gratitude pour l'argent, le bonheur, la paix et la joie que j'ai dans ma vie.

Lorsque je suis dans un avion, j'envoie de l'amour à tous les passagers. Au restaurant, j'envoie de l'amour à tous les convives et à la nourriture. Lorsque je traite avec des organismes ou des entreprises ou lorsque je fais les magasins, je leur envoie de l'amour à tous.

Lorsque je monte dans ma voiture pour aller quelque part, j'imagine que je reviens à la maison heureuse et sereine, et je dis : « Merci. » Lorsque je m'apprête à démarrer, je demande à la force de l'amour : « Quel est le meilleur itinéraire ? » Chaque fois que j'entre dans ma maison ou en sors, je dis : « Merci pour cette maison. » Au supermarché, je me demande : « De quoi d'autre ai-je besoin ? » et « Est-ce que j'ai tout ? ». Je reçois toujours des réponses.

« Assurément, la connaissance est une serrure et la question en est la clé. »

Ja'far al-Sadiq (702-765)
LEADER SPIRITUEL ISLAMIQUE

Je pose de nombreuses questions chaque jour, parfois des centaines. Je demande : « Comment vais-je aujourd'hui ? », « Que devrais-je faire dans cette situation? », « Quelle est la meilleure décision ? », « Quelle est la solution à ce problème ? », « Quel est le meilleur choix ? », « Cette personne ou cette entreprise convient-elle ? », « Comment pourrais-je me sentir mieux ? », « Comment puis-je éprouver de meilleurs sentiments ? », « Où dois-je donner de l'amour aujourd'hui ? », « En quoi puis-je éprouver de la gratitude ? »

Lorsque vous posez une question, vous *donnez* une question, et vous *recevrez* assurément une réponse ! Mais vous devez être vigilant si vous voulez voir et entendre les réponses à vos questions. Vous pourrez recevoir une réponse en lisant quelque chose, en entendant quelque chose ou en rêvant à quelque chose. Parfois, la réponse surgira soudain dans votre esprit. Mais sachez que vous recevrez toujours une réponse !

Si j'ai égaré quelque chose, par exemple mes clés, je demande : « Où sont mes clés ? » Je reçois toujours une réponse. Mais cela ne s'arrête pas là. Lorsque je trouve mes clés, je demande : « Qu'est-ce que cela cherche à me dire ? » En d'autres termes, pourquoi ai-je égaré mes clés ? Il y a une raison à tout !

Le hasard et les coïncidences n'existent pas. Parfois, je reçois la réponse suivante : « Ralentis, tu es trop pressée. » Parfois, cette réponse est : « Ton porte-monnaie n'est pas dans ton sac », et je retourne dans la pièce où j'ai trouvé mes clés et mon porte-monnaie est là. Parfois, je ne reçois pas de réponse immédiate, mais au moment où je franchis le seuil de ma maison, le téléphone sonne et j'apprends que le rendez-vous où je me rendais a été annulé. Je sais alors immédiatement que j'ai égaré mes clés pour une raison positive. J'adore la façon dont fonctionne la vie, mais on ne peut recevoir de réponse ou de rétroaction sans avoir d'abord posé une question !

Parfois, la vie me place dans une situation épineuse, mais je sais que c'est moi qui ai attiré cette situation. Je demande toujours comment j'ai attiré ce problème de manière à en tirer un enseignement – et à ne plus agir ainsi !

Pour tout ce que je reçois, je donne en retour le plus possible d'amour au monde. Je cherche ce qu'il y a de bon en tout et en tous. J'éprouve de la gratitude pour tout. Et alors que je donne de l'amour, je sens la force de l'amour qui circule en moi, qui me remplit d'une telle joie que cela me coupe le souffle. Même lorsque vous tentez de donner de l'amour en retour pour tout ce que vous avez reçu, la force de l'amour multiplie cet amour et vous le retourne *au centuple* ! Il suffit que vous en fassiez l'expérience une seule fois dans votre vie, et vous ne serez plus jamais la même personne.

L'amour fera tout pour vous

Vous pouvez harnacher la force de l'amour pour vous aider dans tous les domaines de votre vie. Vous pouvez lui confier tout ce dont vous voulez vous souvenir et lui demander de vous faire signe au moment opportun. Vous pouvez en faire votre réveil et lui demander de vous tirer du sommeil à l'heure voulue. La force de l'amour sera votre assistant personnel, votre gestionnaire financier, votre entraîneur personnel, votre conseiller relationnel ; elle gérera votre argent, votre poids, votre alimentation, vos relations et s'occupera de toutes les tâches que vous lui confierez. Mais elle ne le fera que si vous mettez amour, gratitude et appréciation dans vos demandes ! Elle ne le fera que si vous joignez votre pouvoir au sien en donnant de l'amour et en lâchant prise au lieu de tenter de tout contrôler dans votre vie.

> *« Alors que votre foi grandit, vous constatez que la nécessité d'éprouver un sentiment de contrôle n'existe plus, que les choses coulent d'elles-mêmes, et que vous voguez avec elles, pour votre plus grand plaisir et profit. »*
>
> *Wingate Paine* (1915-1987)
> AUTEUR ET PHOTOGRAPHE

Devenez le partenaire de la plus grande force de la vie. Et elle fera tout ce que vous voulez. Imaginez ce que vous voulez, sentez intensément que vous l'avez déjà en éprouvant amour et gratitude, et vous le recevrez.

Servez-vous de votre imagination et pensez à tout ce que la force de l'amour peut faire pour vous. La force de l'amour est l'*ultime* intelligence de la vie et de l'univers. Si vous arrivez à imaginer l'intelligence qui a créé une fleur ou une cellule dans un corps humain, alors vous comprendrez que vous recevrez toujours une réponse parfaite à toutes les questions que vous poserez, quelle que soit la situation dans laquelle vous vous trouvez. L'amour fera tout pour vous, mais vous devez vous unir à lui en aimant pour bien comprendre son pouvoir.

Quelle différence cela fait-il ?

« Dans la complexité, trouvez la simplicité. Dans la discorde, trouvez l'harmonie. Au milieu de la difficulté se trouve l'opportunité. »

Albert Einstein (1879-1955)

PHYSICIEN – PRIX NOBEL

Si votre esprit est trop encombré, les petits détails viendront vous distraire et vous abattre. Vous ne pourrez pas vous concentrer sur votre bien-être si vous perdez votre temps à vous occuper de petits détails sans importance. Quelle différence cela fait-il vraiment si vous apportez vos vêtements au pressing avant l'heure de la fermeture ? Quelle différence cela fait-il dans *votre* vie si votre équipe sportive n'a pas gagné cette semaine ? Il y a toujours la semaine prochaine. Quelle différence cela fait-il si vous avez raté l'autobus ? Quelle différence cela fait-il s'il n'y a plus d'oranges au supermarché ? Quelle différence cela fait-il si vous devez faire la queue pendant quelques minutes ? Dans l'ordre général des choses, quelle différence font ces petits détails ?

Les petits détails vous distraient, et ils peuvent saboter votre vie. Si vous accordez trop d'importance à des détails inutiles, vous ne vous sentirez pas bien. Ils ne comptent pas dans le tableau de votre vie ! Aucun d'eux ! Simplifiez votre vie. Faites-le pour protéger vos bons sentiments. Faites-le, parce que lorsque vous libérez votre esprit des petits détails, vous créez de l'espace pour tout ce que vous voulez attirer dans votre vie.

Vous donnez un sens à la vie

C'est vous qui donnez un sens à tout dans la vie. Aucune situation n'est assortie d'une étiquette précisant qu'elle est bonne ou mauvaise. Tout est neutre. Un arc-en-ciel et un orage ne sont ni bons ni mauvais, ils ne sont qu'un arc-en-ciel et un orage. C'est vous qui donnez une signification à l'arc-en-ciel par le biais de vos sentiments à son égard. Il en va de même avec l'orage. Vous donnez une signification à tout avec vos sentiments. Un emploi n'est ni bon ni mauvais, ce n'est qu'un emploi, mais c'est la façon dont vous vous sentez vis-à-vis de votre travail qui détermine s'il est bon ou mauvais pour vous. Une relation n'est ni bonne ni mauvaise, ce n'est qu'une relation, mais vos sentiments à son égard déterminent si elle est bonne ou mauvaise pour vous.

> *« Rien n'est bon ni mauvais en soi, tout dépend de ce que l'on en pense. »*
>
> William Shakespeare (1564-1616)
>
> DRAMATURGE ANGLAIS

Si une personne en blesse une autre, la loi de l'attraction réagit immanquablement. Elle pourra avoir recours à la police ou à la justice, ou à tout autre moyen, pour rendre à cette

personne exactement ce qu'elle a donné. Une chose est sûre avec la loi de l'attraction : nous recevons ce que nous avons donné. Si vous entendez dire qu'une personne a été blessée par une autre, ressentez de la compassion pour la personne blessée, mais ne jugez personne. Si vous jugez une personne et pensez qu'elle est mauvaise, vous ne donnez pas d'amour. Et en pensant que quelqu'un est mauvais, vous vous décrivez vous-même comme mauvais. Tout ce que vous donnez, *vous* le recevez. Lorsque vous entretenez de mauvais sentiments à l'égard d'une personne, peu importe ce qu'elle a fait, ces mauvais sentiments *vous* seront rendus! Ils vous reviendront avec la même force que vous les avez ressentis, créant des circonstances négatives dans votre vie. Il n'y a pas d'excuses valables pour la force de l'amour !

> *« La vie qui est remplie d'amour pour la vie est une vie pleine et riche, une vie dans laquelle la beauté et le pouvoir ne cessent de grandir. »*
>
> Ralph Waldo Trine (1866-1958)
>
> AUTEUR, ÉCOLE DE LA PENSÉE NOUVELLE

L'amour est le pouvoir qui régit le monde

La force de l'amour n'a pas de contraire. Il n'y a pas d'autre pouvoir dans la vie que l'amour. Il n'existe pas de force de la négativité. Dans les temps anciens, la négativité était parfois appelée « le diable » ou « le mal ». Être tenté par le mal ou le diable signifiait simplement être tenté de se laisser aller à des pensées ou des sentiments négatifs, plutôt que de tenir bon dans la force positive de l'amour. La force de la négativité n'existe pas. Il n'y a qu'une seule force, et c'est la force de l'amour.

Toutes les choses négatives que vous voyez dans le monde sont toujours, toujours des manifestations d'un manque d'amour. Que cette négativité se trouve chez une personne, dans un lieu, des circonstances ou un événement, elle provient toujours d'un manque d'amour. Il n'y a pas de force de la tristesse ; la tristesse est un manque de bonheur, et le bonheur provient de l'amour. Il n'y a pas de force de l'échec ; l'échec est une absence de réussite, et toute réussite provient de l'amour. Il n'y a pas de force de la maladie ; la maladie est une absence de santé, et la santé provient de l'amour. Il n'y a pas de force de la pauvreté; la pauvreté est un manque d'abondance, et l'abondance provient de l'amour. L'amour est la force positive qui régit la vie, et *toute* condition négative provient *toujours* d'un manque d'amour.

Lorsque l'humanité atteindra le point de bascule en donnant plus d'amour que de négativité, on verra la négativité disparaître très rapidement de la planète. Imaginez cela ! Chaque fois que vous choisissez de donner de l'amour, votre amour contribue à injecter de la positivité dans le monde! Certaines personnes croient que nous sommes vraiment près d'atteindre ce point de bascule. Qu'elles aient raison ou non, c'est *maintenant*, plus que jamais, le temps de donner de l'amour et de la positivité. Faites-le pour votre vie. Faites-le pour votre pays. Faites-le pour le monde.

> *« Pour mettre de l'ordre dans le monde, nous devons d'abord mettre la nation en ordre; pour mettre la nation en ordre, nous devons mettre la famille en ordre. Pour mettre la famille en ordre, nous devons cultiver notre vie personnelle. Et pour cultiver notre vie personnelle, nous devons clarifier nos cœurs. »*

Confucius (551-479 AV. J.-C.)

PHILOSOPHE CHINOIS

Vous exercez un pouvoir immense sur le monde parce que vous avez énormément d'amour à donner.

LE POUVOIR EN BREF

- *Tout a une fréquence – tout ! Et ce sont vos sentiments qui attirent dans votre vie tout ce qui se trouve sur une fréquence similaire.*

- *La vie vous répond. La vie communique avec vous. Tout ce que vous voyez – chaque signe, couleur, personne, objet –, tout ce que vous entendez, chaque circonstance et événement, sont sur la même fréquence que vous.*

- *Lorsque vous vous sentez heureux, et que vous entretenez cet état d'âme, seuls des gens, des circonstances et des événements heureux pourront entrer dans votre vie.*

- *Il n'y a pas de hasard ni de coïncidences dans la vie – tout n'est que synchronisme –, car tout a une fréquence. C'est tout simplement la loi physique de la vie et de l'univers en pleine action.*

- *Pensez à quelque chose que vous aimez et faites-en votre symbole de la force de l'amour. Chaque fois que vous voyez ou entendez votre symbole, vous saurez que la force de l'amour est avec vous.*

- *Placez la force de l'amour devant vous dans tout ce que vous faites. Imaginez que tout ira bien tout au long de la journée, et sentez en vous le plus d'amour possible avant d'entreprendre quoi que ce soit !*

- *Posez des questions chaque jour. Lorsque vous posez une question, vous donnez une question, et vous recevrez assurément une réponse !*

- *Harnachez la force de l'amour pour vous aider dans tous les domaines de votre vie. La force de l'amour sera votre assistant personnel, votre gestionnaire financier, votre entraîneur personnel, votre conseiller relationnel.*

- *Si votre esprit est trop encombré, les petits détails viendront vous distraire et vous abattre. Simplifiez votre vie et n'accordez pas trop d'importance aux petits détails. Quelle différence cela fait-il?*

- *La force de l'amour n'a pas de contraire. Il n'y a pas d'autre pouvoir dans la vie que l'amour. Toutes les choses négatives que vous voyez dans le monde sont toujours, toujours des manifestations d'un manque d'amour.*

LE POUVOIR
ET LA VIE

Un être humain ne peut imaginer *ne pas* exister. Nous pouvons imaginer notre corps sans vie, mais nous ne pouvons tout simplement pas imaginer que nous n'existons pas. Pour quelle raison, d'après vous ? Croyez-vous que vous êtes le fruit d'un hasard de la nature ? Non, vous ne l'êtes pas. Vous êtes incapable d'imaginer que vous n'existez pas parce qu'il est impossible que vous n'existiez pas! Si vous pouviez l'imaginer, vous pourriez le créer; donc, vous ne le pouvez pas ! Vous avez toujours existé et vous existerez toujours, car vous faites partie de la création.

> *« Jamais ne fut le temps où nous n'existions, moi, toi et tous ces rois ; et jamais aucun de nous ne cessera d'être. À l'instant de la mort, l'âme prend un nouveau corps, aussi naturellement qu'elle est passée, dans le précédent, de l'enfance à la jeunesse, puis à la vieillesse. Ce changement ne trouble pas qui a conscience de sa nature spirituelle. »*

Bhagavad Gita (5[E] SIÈCLE AV. J.-C.)

ANCIEN TEXTE HINDOU

Donc, que se passe-t-il lorsqu'une personne meurt ? Son corps ne sombre pas dans la non-existence, car une telle chose n'existe pas. Il s'intègre dans les éléments. Et l'être qui est en vous – le *véritable* vous – ne sombre pas non plus dans la non-existence. Le mot « être » vous dit justement que vous serez toujours ! Vous n'êtes pas un « néant » humain ! Vous êtes un être éternel vivant temporairement dans un corps humain. Si vous cessiez d'exister, il y aurait un espace vide dans l'univers, et l'univers tout entier pourrait s'écrouler.

Si vous êtes incapable de voir un être humain après qu'il a quitté son corps, c'est uniquement parce que la fréquence de l'amour est invisible. De même qu'on ne peut pas voir la fréquence des rayons ultraviolets, la fréquence de l'amour, qui est sa fréquence est la fréquence la plus élevée dans toute la création. Même les meilleurs appareils scientifiques du monde sont incapables de détecter la fréquence de l'amour. Mais rappelez-vous que vous pouvez *ressentir* l'amour et que, par conséquent, si vous ne pouvez plus voir quelqu'un, vous pouvez sentir cette personne en vous mettant en synchronisme avec la fréquence de l'amour. Ce n'est pas en éprouvant du chagrin ou du désespoir que vous pourrez sentir cette personne, car ce ne sont pas les fréquences sur lesquelles elle se trouve. Mais lorsque vous vous mettez en synchronisme avec les fréquences de l'amour et de la gratitude, vous pouvez sentir sa présence. Cette personne n'est jamais loin de vous et vous n'êtes jamais séparé d'elle. Vous êtes toujours connecté à *tout* dans la vie grâce à la force de l'amour.

Le paradis est en vous

« Tous les principes du ciel et de la terre vivent en vous. »

Morihei Ueshiba (1883-1969)

FONDATEUR DE L'AÏKIDO, UN ART MARTIAL

Des textes anciens disent que « le paradis est en vous », faisant ainsi référence à la fréquence de votre être. Lorsque vous quittez votre corps humain, vous vous retrouvez automatiquement sur la plus haute fréquence qui soit, l'amour à l'état pur, car c'est la fréquence de votre être. Dans les temps anciens, cette fréquence de l'amour à l'état pur portait le nom de « paradis ».

Mais c'est pendant cette vie que vous devez trouver le paradis – et non pas seulement au moment de la mort de votre corps. Vous devez trouver le paradis ici, alors que vous êtes sur terre. Et effectivement, le paradis est en vous, car le paradis est la fréquence de votre être. Et pour trouver le paradis sur terre, vous devez vivre votre vie en vous mettant en synchronisme avec la même fréquence que votre être – celle de l'amour pur et de la joie.

Pour l'amour de la vie

« La question n'est pas vraiment de savoir s'il faut poursuivre votre chemin, mais plutôt si vous apprécierez le voyage. »

Robert Thurman (NÉ EN 1941)

AUTEUR BOUDDHISTE ET ACADÉMICIEN

Vous êtes un être éternel. Vous avez tout le temps du monde pour tout expérimenter. Le manque de temps n'existe pas, car vous avez l'éternité devant vous ! Il y a tant d'aventures qui vous attendent, tant de choses à découvrir. Et je ne parle pas seulement d'aventures ici sur terre, car une fois que vous aurez maîtrisé la terre, vous vous lancerez dans de nouvelles aventures dans d'autres mondes. Il y a les galaxies, les dimensions et une vie que nous n'arrivons pas à imaginer maintenant, mais nous les explorerons toutes. Et nous le ferons ensemble, parce que *nous* faisons partie de la création. Dans des milliards d'années, lorsque nous nous apprêterons à vivre une nouvelle aventure, il y aura des mondes parmi les mondes, des galaxies parmi les galaxies, des dimensions sans limites qui se déploieront devant nous, et ce, pour l'éternité.

Ne pensez-vous donc pas que vous êtes un tout petit peu plus spécial que vous l'avez toujours cru ? N'estimez-vous pas que vous avez peut-être un peu plus de valeur que vous l'avez toujours pensé ? Vous, et toutes les personnes que vous

connaissez, et tous les êtres humains qui ont jamais vécu, n'avez pas de fin !

Ne voulez-vous pas embrasser la vie et dire *merci* ? N'êtes-vous pas excité par les aventures qui vous attendent ? Ne voulez-vous pas vous tenir debout au sommet d'une montagne et crier avec joie *Oui !* à une vie sans fin ?

Le but de votre vie

« Votre unique but est la gratitude et la joie. »

Gautama Bouddha (563-483 AV. J.-C.)

FONDATEUR DU BOUDDHISME

Le but de votre vie est la joie, et quelle est d'après vous la plus grande joie dans la vie ? Donner ! Si quelqu'un m'avait dit cela il y a six ans, je lui aurais répondu : « C'est facile à dire. Je me démène pour survivre, j'arrive à peine à boucler mes fins de mois, et je n'ai donc rien à donner. »

La plus grande joie dans la vie, c'est donner, car si vous ne donnez pas, vous vous démènerez toujours pour survivre. Votre vie sera une succession de problèmes, et au moment où vous croirez que tout va finalement bien aller, un autre obstacle surgira et vous vous retrouverez encore une fois dans une situation précaire. La plus grande joie dans la vie, c'est de donner, et vous ne pouvez donner qu'une chose – votre amour !

Votre amour, votre joie, votre positivité, votre excitation, votre gratitude et votre passion sont les véritables et éternelles composantes de la vie. Toutes les richesses du monde ne peuvent arriver à la cheville du don le plus précieux de la création – l'amour qui est à l'intérieur de vous !

Donnez le meilleur de vous-même. Donnez votre amour, car c'est l'aimant qui attire *toutes* les richesses de la vie. Et votre vie deviendra plus riche que vous ne l'auriez jamais cru possible, car lorsque vous donnez de l'amour, vous réalisez pleinement le but de votre vie. Lorsque vous donnez de l'amour, vous recevez en retour tellement d'amour et de joie que vous avez peine à croire que vous pouvez le supporter. Mais en fait, vous *pouvez* accepter cette source illimitée d'amour et de joie, parce que c'est ce que vous êtes.

« Un jour après que nous aurons maîtrisé les vents, les vagues, les marées et la gravité, nous explorerons les énergies de l'amour. Alors, pour la seconde fois dans l'histoire du monde, l'homme aura découvert le feu. »

Pierre Teilhard de Chardin (1881-1955)

PRÊTRE ET PHILOSOPHE

Vous êtes arrivé dans ce monde avec votre amour, et c'est la seule chose que vous prendrez avec vous en le quittant. Pendant que vous êtes ici, chaque fois que vous choisissez la positivité, chaque fois que vous choisissez de vous sentir bien, vous donnez votre amour, et avec lui vous illuminez le monde. Et tout ce que vous pouvez souhaiter, tout ce dont vous pouvez rêver, tout ce que vous aimez vous suivra partout où vous irez.

Vous avez la plus grande force de l'univers en vous. Et grâce à elle, vous *aurez* une vie exceptionnelle!

Le Pouvoir est en vous.

Le commencement

LE POUVOIR EN BREF

- *Vous avez toujours existé et vous existerez toujours, car vous faites partie de la création.*

- *Vous, et toutes les personnes que vous connaissez, et tous les êtres humains qui ont jamais vécu, n'avez pas de fin !*

- *Pour trouver le paradis sur terre, vous devez vivre votre vie en vous mettant en synchronisme avec la même fréquence que votre être – celle de l'amour pur et de la joie.*

- *La plus grande joie dans la vie, c'est de donner, car si vous ne donnez pas, vous vous démènerez toujours pour survivre.*

- *Votre amour, votre joie, votre positivité, votre excitation, votre gratitude et votre passion sont les véritables et éternelles composantes de la vie. Toutes les richesses du monde ne peuvent arriver à la cheville du don le plus précieux de la création – l'amour qui est à l'intérieur de vous !*

- *Donnez votre amour, car c'est l'aimant qui attire toutes les richesses de la vie.*

- *Pendant que vous êtes ici, chaque fois que vous choisissez la positivité, chaque fois que vous choisissez de vous sentir bien, vous donnez votre amour, et avec lui vous illuminez le monde.*

Puisse Le Pouvoir vous apporter l'amour et la joie tout au long de votre vie.

C'est ce que je vous souhaite, à vous et au monde.

À propos de Rhonda Byrne

L'intention de Rhonda Byrne est : *d'apporter de la joie à des milliards de personnes*.

Elle a commencé son périple par le film *Le Secret*, vu par des millions de personnes dans le monde. Elle récidive avec le livre *Le Secret*, un best-seller à l'échelle planétaire, traduit jusqu'ici en 46 langues.

Avec *Le Pouvoir*, Rhonda Byrne poursuit son travail révolutionnaire pour nous faire découvrir la force la plus extraordinaire de notre univers.